# POESIA REUNIDA
## 1950-2020

VOLUME 1

**MAFRA CARBONIERI**
[Academia Paulista de Letras]

---

# POESIA REUNIDA
## 1950-2020

VOLUME 1

REFORMATÓRIO

CARBONIERI, Mafra. **Poesia Reunida**: 1950-2020 volume I. São Paulo: Reformatório, 2021.

Editores
Marcelo Nocelli
Rennan Martens

Projeto e Edição gráfica
C Design Digital
www.cdesign.digital

© Capa
Arte C Design Digital sobre tela La Romería de San Isidro, de Francisco de Goya y Lucientes

© Imagens Internas
Reproduções das obras de Francisco de Goya y Lucientes

Dados Internacionais de Catalogação na Publicação (CIP)
Bibliotecária Juliana Farias Motta (CRB 7-5880)

C264p Carbonieri, Mafra, 1935-

Poesia reunida: 1950-2020 volume I / Mafra Carbonieri.
-- São Paulo: Reformatório, 2021.
292 p.: 14x21cm

ISBN: 978-65-88091-27-2

*Academia Paulista de Letras*

1.Poesia brasileira. I. Mafra Carbonieri, José Fernando de, 1935-.
II. Título: 1950-2020 volume I

CDD B869.1

Índice para catálogo sistemático:
1. Poesia brasileira

Todos os direitos desta edição reservados à:
Editora Reformatório
www.reformatorio.com.br

A Annita Moscogliato Carbonieri
e Ana Malavolta Casadei

La Romería de San Isidro

# POESIA REUNIDA

### VOLUME 1
A Lira de Roque Rocha

O Canto furtivo

Modas de Aldo Tarrento

A Lira de Malavolta Casadei

---

### VOLUME 2
A Lira de Orso Cremonesi

Cantoria de Conrado Honório

Carta sobre o destino e a urgência

Diálogos e sermões de frei Eusébio do Amor Perfeito

Alguma poesia na prosa

2020

# SUMÁRIO

## A LIRA DE ROQUE ROCHA

| | |
|---|---|
| 17 | Orgulho e ressentimento |
| 23 | Cantiga da noite escura |
| 26 | Luto |
| 27 | Balada do sal da terra |
| 30 | Noticiário |
| 32 | Bagatela |
| 34 | Serenata perdida |
| 35 | Para Eugênia |
| 36 | Prelúdio e fuga |
| 38 | Ode nupcial |
| 40 | Áspero noturno |
| 43 | Pausa |
| 44 | Oceano e noite |
| 46 | Vertigem |
| 49 | Imagem e chuva |
| 50 | Paulo Vendramini revisitado |
| 51 | Gospel |
| 53 | Carta a Paulo Vendramini |
| 54 | Pecado original |

| | |
|---|---|
| 56 | Aviso a Kafka |
| 59 | Escrito à ponta de faca no arção duma sela velha |
| 61 | Árvore seca |
| 64 | Homem submerso |
| 65 | Relíquia da casa velha |
| 68 | Raro momento de piano e noite |
| 69 | Registro policial de Emiliano Adamastor |
| 73 | Colóquio |
| 75 | Registro tumular de Emiliano Adamastor |
| 78 | Música secreta |
| 80 | Idílio |
| 81 | *I was blind* |
| 82 | Última cavalgada |
| 84 | Cinzas |

## O CANTO FURTIVO

| | |
|---|---|
| 89 | Aviso |
| 97 | O velho sineiro |
| 98 | Poema para uso interno |
| 100 | O violeiro |
| 102 | Lord Sparkenbroke |
| 103 | O trovador |
| 104 | Canto maligno |
| 106 | Morte na tarde |
| 107 | Ode a Mário de Andrade |
| 109 | Compasso de espera |
| 110 | Poema |
| 111 | Ária para flauta |
| 113 | Trevo |
| 114 | Morte na família |

| | |
|---|---|
| 117 | Ária nas cordas graves |
| 119 | Primeiro canto furtivo |
| 121 | Dísticos |
| 122 | Poema inveterado |
| 124 | Ana Malavolta Casadei |
| 125 | Cantiga da flor do Lácio |
| 127 | Segundo canto furtivo |
| 129 | Lira no hotel |
| 131 | Tema de concerto em sol maior |
| 133 | Mensagem do pior filho pródigo |
| 136 | Arpejo em escala menor |
| 137 | Último canto furtivo |
| 139 | Exupéry |
| 141 | Conversa provinciana na redação do semanário |
| 145 | Antigo registro de Emiliano Adamastor |
| 148 | *Just words* |
| 149 | Ponteio |
| 150 | Agenda |
| 152 | Retrato do artista quando jovem |

## MODAS DE ALDO TARRENTO

| | |
|---|---|
| 157 | Erudito e popular |
| 162 | Pranto para Ester Varoli Tarrento |
| 164 | Maximal |
| 165 | Cantiga de escárnio |
| 167 | Exercício |
| 169 | Ricardo Reis revisitado |
| 172 | Sem norte |
| 173 | Os cavalos |
| 175 | Primata |

| | |
|---|---|
| 177 | Sete versos |
| 178 | Cadência |
| 179 | Seresta orestiana |
| 182 | Ode a Ricardo Reis |
| 184 | Serenata de Conrado Honório |
| 186 | Fernando Pessoa revisitado |
| 187 | Essencialismo |
| 188 | Opus |
| 189 | Entrevista |
| 193 | *Soul* |
| 195 | Para berrante e viola de sete cordas |
| 198 | Dalton |
| 200 | *Blues* |
| 202 | Na pousada |
| 205 | Chico Buarque revisitado |
| 206 | Rangido no couro da sela |
| 207 | Solo de flauta doce, 1968 |
| 210 | Réquiem |
| 213 | No caderno de Ricardo Reis |
| 214 | Quadra |
| 215 | Solo de serrote |
| 216 | Rascunho de Ricardo Reis |
| 218 | Dias Gomes |
| 221 | Moda |
| 222 | Dois desenhos bordados no avesso do poncho |

## A LIRA DE MALAVOLTA CASADEI

| | |
|---|---|
| 227 | Bilhete ao editor |
| 234 | Ladainha |
| 236 | Crônica de pobres amantes |

| | |
|---|---|
| 239 | Oswaldiana |
| 241 | Antítese |
| 243 | Vinho |
| 244 | Os pássaros |
| 247 | Teologia mínima |
| 250 | Elogio da sombra |
| 252 | Recado |
| 254 | O peixe |
| 255 | Para ler este poema |
| 256 | O inverno de nossa desesperança |
| 257 | Idílio senil |
| 258 | Insanidade |
| 260 | As quaresmeiras |
| 262 | Ponto crítico |
| 264 | Visita |
| 266 | Liana Friedenbach |
| 269 | Esforço de guerra |
| 273 | *Cut piece* |
| 274 | O emigrante |
| 275 | A peste |
| 276 | Armin Meiwes |
| 278 | Alguma poesia |
| 279 | Nudez |
| 280 | Improviso |
| 282 | Seiscentas páginas |
| 284 | *Flashpoems* |
| 287 | Notas para um poema pardo |
| 289 | *Evangelists are five* |
| 291 | *Blue note* |

Saturno

# A LIRA DE ROQUE ROCHA

# ORGULHO E RESSENTIMENTO

{ Nota introdutória }

Ana Maria Balarim Cotrim, Ph D*

A família Ferrari doou ao Centro Cultural de Santana Velha sete guampas de boi onde se ocultavam, em papéis amassados ou rasgados em tiras, a poesia e a prosa dum neurótico.

Roque Rocha, filho não reconhecido do pioneiro Atílio Ferrari, nasceu em 1925 e morreu, supostamente por suicídio, nos anos 70. Seus restos não foram encontrados e nunca se confirmou a suspeita do desaparecimento num dos precipícios da Cordilheira do Peabiru. Mas seu meio-irmão Pedro descobriu as guampas, e no seu oco, através duma caligrafia que simula cortes pela ponta dum canivete, uma literatura de orgulho e ressentimento.

Domador de cavalos e jogador de xadrez, peão de fazenda e sócio do Centro Cultural, Roque Rocha articula-se sobre contradições. Inédito a ponto do rancor e da solidão, ele se deixa influenciar pelos poetas que cita nas epígrafes, sem esconder o sarcasmo com que hostiliza

Malavolta Casadei, "tem família e louça inglesa", acusando-o de hipocrisia.

Mas imita Casadei. Jamais trocou uma palavra com os adversários no Clube de Xadrez. Não participou de nenhum torneio. O piano que aparece em seus poemas nunca existiu, a não ser como metáfora do propósito não realizado.

Agora o Centro Cultural revela o conteúdo de duas guampas. A um só tempo, e a partir da mórbida dedicatória, os textos que seguem pertencem à literatura e à psicopatologia.

SÃO PAULO, 2009

*Departamento de Teoria Literária e Literatura Comparada
Universidade de São Paulo

A meu irmão
Pedro.
Mil vezes tentei matá-lo.
A minha irmã
Eugênia.
Por ela morri mil vezes.

La desesperación de Satán

*Vencido, olhei para o vitral do mundo,*
*dentro da igreja em que não fui aceito.*
ROQUE ROCHA


*Sou meu subterrâneo.*
ALDO TARRENTO

# CANTIGA DA NOITE ESCURA

-I-

Dona Maria Adelaide
sai de casa. Noite escura.

Em perfume de alfazema,
vestido de cabeção,
o lampião na cintura.

Um rito de contratura
no canto do lábio esquerdo
revela tanto desejo
(o amor pelo amor tem cura).

No pasto. A alma escura.
*Só eu sinto o que não vejo.*
Solidão ninguém atura.

Pios noturnos. Lua oculta.
Cavalos na aragem pura
(trotando sem aparato)
ressoam na noite escura.

Com suores de alfazema,

vestido de cabeção,
o lampião na cintura.
No ventre o calor exulta
e se exalta. A que altura?


-II-

Meu pai monta o seu bragado.
Cavalga na noite escura
(em pelo). Sem aparato.

Cavalos na aragem pura
relembram a andadura
de cascos e ferraduras.

Ao longe, meu Deus, ao longe,
o lampião na cintura
e o desejo do despejo.
Destino: o paiol dos ratos.


-III-

Dona Maria Adelaide
espreita o seu recato.

Meu pai desmonta das botas
(um rato olhando outro rato).
O plantio dum segredo

no corpo nu e seu frio,
urdidura de receios
(ou talvez de arremedo).

A secreta semeadura
de desvelos e tremores,
de estalos e de gritos.
E de guinchos. E de guinchos.

Não importa. Vim ao mundo
pela porta do degredo.

Malditos sejam os ratos.
Todos os ratos. Os ratos.
Os ratos da noite escura.

## LUTO

*Meu corpo*
*tem-me causado tantas decepções*
*que eu prefiro viver*
*fora dele.*

Dizem
que Chopin segredou isso
a George Sand.
Eu sei que é verdade.
Ele está lá fora em plena tempestade
e rege para o mundo
a harmonia das águas em luta.

Ele está lá fora
e aqui dentro, ao redor do lampião,
compondo para o tempo, para o meu corpo tardo,
de bastardo,
longe de seu corpo, mas num templo,
e no meu porão,
a harmonia das águas lívidas
de náusea e luto.

# BALADA DO SAL DA TERRA

> Gosto de Joyce. Rima com foice.
> ALDO TARRENTO

os sinos na areia branca
acordam gestos de bronze

os homens nascem da terra
a vila nasce dos homens
os sinos na areia branca
acordam gritos de sal

a chuva espraia na serra
o cheiro quente das mãos
que vieram para a enxada

*leva depressa mulher*
*este pão a teu marido*

na tarde ou na madrugada
os sinos falam ao vento
pela vida ou passamento

os sinos dobram (alarido)
seja na paz ou na guerra
seja colheita ou plantio
tempo de luta ou desarme
ou de esperança ou de cio
os sinos dobram (alarme)

*leva depressa menino*
*a gamela de teu pai*

muita pedra se quebrou
muito rio foi ter ao mar
muitas horas escorreram
do lanho fundo das árvores
muito orvalho percorreu
nosso rosto de granito

*leva depressa mulher*
*leva depressa menino*

agora a vila é cidade
e nosso braço infinito
as preces da gente antiga
são ramos de longos pássaros
na cabeleira dos postes

os sinos na areia branca
recordam gestos de sal
Dia dos Mortos (dos mortos)

*leva depressa menino*
*estas flores estas flores*

os meninos vão levando
pelo caminho dos sinos
estas flores estas flores

## NOTICIÁRIO

> Chove medo nas ruas.
> CARLOS DRUMMOND
> DE ANDRADE

Um caminhão-tonelada
matou um homem na rua.
O sangue já foi varrido
de seu grito para o nada.

Enquanto um carente estende
a sua mão de farrapo,
uma senhora consente
em dar-lhe o troco dum trapo.

Uma mulher-sentimento
jogou-se do último andar.
Pensamento de cimento
deslizando pelo ar.

Isto é um assalto, vadia.
Revirando o olho torto,
despreza a bolsa vazia
e um tiro desfaz o rosto
(já de assombro descomposto).

Chamam civilização:
humanidade-desgosto.
Sem horário. Itinerário.
Isto posto... Sem perdão
(sempre o medo recomposto).

## BAGATELA

Maria
Papeleira
e seu cachorro de estimação
raça pouca
desespero de cabelos no rosto bronco
focinho frio
gorda e louca
falando alto e latindo rouco
dentes aguçados e falhos
rosnando sozinhos (nunca um para o outro)
balofa
rabo entre as pernas
pulgas como traço de união
(a miséria posta em orgia)
Maria Papeleira e seu cachorro de companhia

A humanidade
passa cheia de homens e mulheres
(e cães de coleira)
que olham a festa das vitrinas e das feiras
(tantos pontos de urina)
enquanto
Maria Papeleira e o cão assaltam o mesmo lixo
(papel e osso para a sobrevivência)

À saída do cinema
todos contemplam ou não
a moda saco
ou balão
(ou trapos de baeta)

Maria Papeleira tem um cachorro
e algum direito de sarjeta

## SERENATA PERDIDA

Para Eugênia

se eu tivesse nas mãos
uma orquestra de cordas

não brisa de violino
não soluço nem grito
em garganta de ave

uma orquestra de cordas
se eu tivesse nas mãos

ergueria em teus olhos
este véu de palavras
que não deve rasgar-se
assim dentro de mim
sangrando serenata

não soluço nem grito

ouvirias meu canto
se eu tivesse nas mãos
uma orquestra de cordas

## PARA EUGÊNIA

Ponho os arreios no cavalo zaino.
Ainda há conhaque no cantil.

Folhas de sombra me invadem a fronte
prisioneira. Cavalgo para o abismo.

Meu Deus, o que farei para fugir,
rompendo a consciência de meu nada?

A vida é a sela deste zaino
e os manuscritos que na guampa escondo.

Vencido, olhei para o vitral do mundo,
dentro da igreja em que não fui aceito.

Lembro, tu me surgiste, o riso claro.
Entraste em minha vida lentamente.

E fez-se o sol no fundo de meus olhos.
E isso me fez cego. Me fez cego.

## PRELÚDIO E FUGA

Atenção
passageiros
atenção atenção
vai dar pane no mundo
ninguém tem paraquedas
(ninguém)
nem para-choque ou raio
e lá embaixo
não há para-lama que suporte os bastardos
(fardos)

Será a morte
apenas a morte
a morte desabrochada num abraço
a morte indecisamente esperada
que não nos oferecerá um sentido
para renascer
mas renasceremos como ervas daninhas
amanhã
debaixo dos penedos
(medo)
Atenção
passageiros

Os pássaros do além-negro
cairão em nossos olhos desfeitos
Irão embora por natureza
Retornarão como castigo

## ODE NUPCIAL

Eu
Isidoro de Deus
Nacional e servente de pedreiro
Pardo e morador
Amigo de Jesus e brasileiro
Antes calado do que falador
Filho do desconhecido (minha cruz)
e de Josefa do Espírito Santo
Nascido no Norte
(em Alcântara do Maranhão)
Porém crescido em São Paulo
(na Favela do Vergueiro)
Casado hoje (bendita a hora e a certidão)
com Maria Magnólia de Campos
Morena
Por inteiro beijada de sol e aurora
A desmaiar em gritos de violeta molhada
Cabelos de lã e noite
Olhos de febre quartã
Quase morta no calor e no murmúrio da ferida viva
Morena
Por inteiro beijada por mim
Ainda nua no vestido de carne e pétala
Ainda orvalhada em salsa chuva

e maresia
(minha luz)

Eu
Isidoro de Deus
ponho-me em prece
e morro outra vez num frêmito de atabaque
e flores esmagadas na origem
Chove
E o zinco responde em colcheias
(sacrário) ou destino
uma suave e estranha canção
esta goteira
latejando em meus nervos
mais a paixão traiçoeira
nas contas dum rosário (ou desatino)

Os cabelos
de Maria Magnólia se desmancham
(e o pudor)
como noite na chuva
(com langor) citarei uma cítara
e uma harpa eólia

Eu
Isidoro de Deus
casado hoje (bendita a certidão e a hora)
toco violão
e de repente compreendo
o poente e a aurora

## ÁSPERO NOTURNO

> Às minhas costas, rindo,
> cintilavam os candelabros.
> MAIAKOVSKI

Quero ao morrer, flores
que na vida detestei.
Esteja a sala repleta
de flores e moscas.

Quero que o vento suspire
entre as dobras dos véus roxos
e cante além da janela,
nos galhos da murta.

Quero sentir a irritação
das ladainhas e do terço.
Quero quatro velas ardentes
e um crucifixo de bronze.

Transformem as minhas esperanças
em máscara de lágrimas
e escondam-me a palidez do rosto
(sempre é tempo de chorar).

Afastem seres e coisas que eu amo.
Terão pouco que afastar
(uma mulher, uma promessa, alguns livros,
o piano, a sela, os arreios e os estribos de prata).

Venham todas as crianças
com o seu sorriso episcopal,
sujas ou limpas,
tropeçando na inocência ou na liturgia.

Quero homens e mulheres
em volta de meu caixão,
silenciosos e absurdos,
tentando fechar-me as pálpebras frias
(o rancor ainda me contamina).

Flores e moscas.
A humanidade obscura e tosca
disputando as alças.
Homens e mulheres
(emoções falsas)
em volta de meu caixão.

Menos meu pai
(o desconhecido).
Menos minha mãe
(dona Maria Adelaide).

Eles não. Eles não.

Jamais
o meu ódio
esperaria três dias
para ressuscitar.

# PAUSA

Não faço questão
Eu nunca faço questão
Os outros fazem questão por mim
Eu não

Sou um longo rio
cheio de pescadores na margem verde
Eles gritam
Atiram o anzol ou a tarrafa

Rebrilha na isca
a esperança dum dourado
e a cintilação se multiplica
por dentro de meu ser líquido e turvo

Mas até agora só dei peixe de peneira
e uma garrafa (sem mensagem)

E tudo segue ou bem ou mal
Não importa

## OCEANO E NOITE

> De tudo
> eu estrago um pouco.
> Eu não quero.
> Mas não posso com o meu corpo.
> ALDO TARRENTO

Poemas mortos
sob os meus pés. Estranho.
Aos pedaços, palavras como *fé* e *amo*
ainda brilham no escuro
(como aço).

Cacos
de estrela cadente. Poemas mortos
sob os meus passos.
Pisados no chão, eles não viram o oceano
à noite.

Espalhando-se na praia
e ao sabor da maré,
desfazem-se, puros,
dilacerados por um tirano cego
(de açoite e asco).

São conchas secas
que a vazante (de repente)
deixou na areia.

Cascos
que a podridão tornou anônimos
sob a lua cheia.

Peles
de que remota serpente?

## VERTIGEM

Tenho rocha no meu nome.
Granito no sentimento.

Eu ferro os cascos do vento.
Sou cavalo e sou homem.

Hoje escarvo o meu desejo.
Me espojo na minha fome.

A couraça no transporte
desta vida para a morte,
sem brida no pensamento,
eu cavalgo e não descanso.

Às vezes, na cachoeira,
me assemelho a um boi de corte.
Os olhos longe. Tão longe
(tão perto do encantamento).

Espalho fumaça e sorte.
Sou cavalo. Mas sou homem.

A perneira nas escoras,
amanso o meu desalento

lustrando os pelos da raiva
com o suor das esporas.

Abraço crina e cernelha.
Nas patas, faísca e poeira.
O rangido desta sela
acorda muita janela.

Sonhos gritam o meu nome.
Eu tiro o sangue das pedras
e de meu ódio a centelha.
Sou cavalo e sou homem.

Leio Machado e Tarrento.
Sol claro. Chuva. Ou relento.
Uivante, escalo este monte.
Fiódor. Flaubert. E Brönte.

O livro é minha vela
(esse aconchego de espinhos).
Leio na cela, no vale,
no soalho ou no pelego
(de chegada ou a caminho).

Escrevo e me reescrevo.
E me escondo em chifres mortos.

Sou hospício e precipício.
Morrente, sofro o abismo
na beirada do inferno.

Delírio. Fenda titânica.
O oco oculto. Tumulto.

Vegetação pubiana.
Grandes lábios de basalto.
Garganta escura. Profana,
Fascínio. Vulva vulcânica.

Demônios abuterinos
(sejam aves ou serpentes)
removem ossos polidos.
Limpos. Lidos e relidos
(a vitrina das carcaças).

Pesadelo duma sina.
A paisagem suntuária.
Vertigem. E eu me visto
da mortuária neblina.

## IMAGEM E CHUVA

Agora a chuva bate na janela.

Entretanto, Eugênia,
és como o sol indeciso e límpido
que descerá pela voz da brisa, daqui a pouco,
na rua, nas árvores, no rosto da vida apenas
retomada,
nas quietas faces da água
onde a fuga dos pássaros se reflete.

És como a réstia puríssima
no fundo da chuva, Eugênia,
sol pressentido que não é meu
e não iluminará jamais o sangue de meu verso.

## PAULO VENDRAMINI REVISITADO

Rasgo a vida pelo manto da neblina
e quebro a madrugada
      com três golpes de Ravel.

      Invento
      violinos de mar contorcendo espuma
      nos flautins.

Sempre sei que a brisa tem flautins.

      Retenho nas mãos um oceano
      de trompas e clarins.

      Eu canto e sou música fácil.

      E de repente
      (túnica ao vento)
      ela vem
      livre e suave
      bater em mim como onda.

# GOSPEL

O que pregava o profeta bêbado?
A terra, a água, a fúria, os elementos,
ninguém verá o *nada* de que somos.

Era a Praça da Sé. E não da fé.
Pássaro cego, o homem cairá,
e as mãos e os olhos tocarão a pedra.

Inútil é a tentativa de salvar-se
(ainda que você se chame Esdras).
O próprio Deus sentiu a atração
do abismo, da paixão, também da morte,
e derramou a lenda de seu sangue.

Chorava em versos o profeta bêbado.
Arrancava cabelos-cerebelos
e maldizia a transeunte esmola.

A vanidade da filosofia.
Pior. A decadência da cadência
na profecia e na cervejaria.

Poesia. Utopia. E a viola.
Palavras de meu século, sepultadas.

Ele dizia (louco, mas não rouco).

Embora as lâmpadas exaltem luz,
ninguém verá, ninguém verá o *nada*
(esse mistério de silêncio e cruz).

E sempre o barro se transformará
em grito, em ódio ou transitório amor.

# CARTA A PAULO VENDRAMINI

Noite aberta
tomei a nave da música
O vento dizia as palavras mais antigas
O mar imenso
deixava na areia passos de vozes incendiadas
Todas as estrelas
nasceram na noite líquida e vieram

Assim
o tempo iluminou o vaso de argila e espuma
e o coração dos homens abriu-se ao puro canto

## PECADO ORIGINAL

A vida se decompõe
nas dores do arco-íris.
Eu giro o disco de Newton
e firo o branco do olhar.

Que sangra. Assim eu me marco
entre o vermelho e a ardência.

Meu pecado original
(memória e penitência).

A dívida se compõe
antes da vinda ao mundo
do devedor (mendicante).

Quem escreve se escreve
(seja amante ou desamante).
Para escrever eu me isolo
impondo ao meu diamante
as dores do arco-íris.

A dádiva se dispõe
para o branco do olhar.
Palavra atrai palavra.
Pela palavra eu me violo.

Maldição original
(tortura da penitência).

São sete as dores do arco
entre o vermelho e a ardência.

Sob o castigo eu me arco.
Para escrever-me eu me isolo.

## AVISO A KAFKA

> Despencam sombras na caverna
> dum louco.
> Meus olhos de vulcão extinto
> distinguem o escuro do escuro.
> ALDO TARRENTO

Dos becos
de Praga e em alemão, Kafka,
ao redor o silêncio dos zimbórios
e na mão o protocolo,
você relata que Gregório,
logo pela manhã,
desfazendo-se de sonhos inquietos,
percebeu a *metamorfose*.

Cifose. Carapaça no colo.
Dormira homem. Acordara inseto.
Você relata.

Comigo aconteceu pior, Kafka.
Nenhum pesadelo de escaravelho ou barata.
Ou escorpião. Não venho de Praga. Não falo alemão.
Infecto, *sou inseto sem metamorfose*.

Kafka, em tudo pareço meu pai.
A mente fria. O espinhaço. A cabeça romana.
Mas sou inseto.
Converso com potros e crias.
Monto com sabedoria. Conheço Aldo Tarrento.
Mas sou inseto, Kafka.
As mulheres
(que eu caço) gostam de minha face aquilina
e de meu suor ao vento.

Em tudo pareço meu pai.
Mas sou inseto.
Só conto com os estribos de prata
e as rédeas de crina
(mais as mil patas com que dilacero as palavras).

Esse destino foi posto em ata
pelo homem que me encara no fundo do espelho.
Maldito seja.
Em tudo pareço meu pai.

Kafka,
moro num porão de tijolos caiados
onde escrevo a carvão uma ode assassina.
Há uma ferradura atrás da porta.
Para morrer, só um pouco,
tenho a noite e os pelegos.
Creio no ferrolho e na lamparina.

Pela janela,
vejo meu pai a cavalo.
Tão distante, Kafka, e tão perto.
Amasso palavras
e soco-as pelo oco dum chifre.

Vejo meu pai, Kafka,
pela mira telescópica de meu rifle.

## ESCRITO À PONTA DE FACA NO ARÇÃO DUMA SELA VELHA

A vida
enquanto existência
é espaço onde me faço de aço
(arrogante)

A vida
enquanto essência
é tempo onde me fragmento em instante
(impermanente)

Logo
a existência é espaço
e a essência é tempo

No espaço
a vida não passa a fronteira
(a muralha por fora)

No tempo (a muralha por dentro)
a vida não vence o momento e dura
o que dura a rasgadura duma sela velha

Meu Deus.
Por que esse poema não presta?
Eu tenho a mente vazia. Serei também o *seu* bastardo?
Bastardo de Deus? Com uma cruz na testa?
Talvez para escrever filosofia eu deva ser culto
e hipócrita como Malavolta.
Nada me resta.

## ÁRVORE SECA

não sou uma gaveta de raciocínios
ou sou essa gaveta
ninguém tem nada com isso
e as gavetas se fecham

não sou uma teia de mistérios
ou sou essa teia
ninguém tem nada com isso
e as teias se rompem

todos os segredos já morreram em mim
faz tempo
e pendem em meu caminho
inutilmente
como braços de árvore seca

não há segredo no vento de meus cabelos
não há segredo no fundo de meu copo

cheguei a isto
Eugênia
escrevo este poema
num bar
e quando minhas mãos se crispam

agarrando nada
não há nenhum mistério
nem teias na gaveta

estou bêbado
e na segunda pessoa do singular

não sei se já reparaste
Eugênia
que sou um homem no mundo
que penso logo existo ou existo logo penso
isso não significa nada

a verdade é que dentro de meu peito
resiste um coração deserto
apenas praia e penedia
aberto ao desenho
de teus passos

corre-me na veia o teu sangue
Eugênia

amargamente
ninguém tem nada com isso
as gavetas se fecham
as teias se rompem
o segredo
é uma árvore seca
e
todos os raciocínios do mundo

cabem no fundo
de meu desejo

## HOMEM SUBMERSO

O ar envenenado me persegue.
Ainda há árvores na praça do mercado.

Eu sei que sou um homem submerso
na luz e nos letreiros da cidade.

A tarde vai morrer sob meus pés
e nada faço para socorrê-la.

Os homens vão morrer no fim da rua
e o *juiz ausent*e nada faz por nós.

Venha, filosofia de dois gumes,
entretecer as vozes de meu canto.

Venha, noite antiga, repousar em mim
e apressar-me os passos nesta esquina.

Eu sinto. Sou um homem submerso
sitiando a cidadela de meu nada.

# RELÍQUIA DA CASA VELHA

Nada mais há que fazer

O tempo passa na rua
descendo na voz dos pássaros
senhora de sua vida
Maria da Graça fica
relíquia da casa velha

Mulher de janela e terço
Maria da Graça fica
quem vem da reza não passa
Maria da Graça fica

Sobem à aberta janela
espontâneos palavrões
de carapinha e bigode
fuligem óleo pregões
um vai e vem de pagode
*um pão dormido senhora (!)*
e o bêbado cambaleou
na calçada nua e quente
e contas para pagar

O tempo passa na rua
na urina dos cachorros
na resina das mangueiras
no grito rouco da fábrica
na conversa das vizinhas
o tempo passa e repassa

Os cabelos em bandós
mulher de janela e bule
senhora de sua vida
e do bordado de tule
Maria da Graça fica
os seus desatados nós
gorda amarela graciosa
de saia ampla rodada
os olhos mal apertados
na pele de seu sarcasmo
A carne queimou (que pasmo)
o mexido desandou
a couve perdeu o verde
o nosso sal não salgou

Da Graça marca o compasso
das horas que vão morrer
nos buracos da parede (ou)
no estalo do assoalho
(como num conto de Poe)

Um relógio bate o tempo
nada mais há que fazer

Tem marido filho neto
tem idade cristandade
mas nada disso é importante
o mundo sempre girou
a sua roda gigante
Maria da Graça é o centro
relíquia da casa velha

Às vezes passos pesados
balançam a casa toda
grosso e lerdo transatlântico
da Graça vai à cozinha
beber leite glandular
honrar o doce de abóbora
e outros pratos parentes
a nata escorre na boca
e um cravo entra no dente

O cansaço mata o crente
o neto sujou na sala
a neta chorou no berço
a mão que agita o terço
se fecha tão de repente
a janela está chamando
o tempo passa no mundo
pela frente e pelo fundo

Nada mais há que fazer

## RARO MOMENTO DE PIANO E NOITE

noite
raízes de sombra
canto
fonte de crepe em surdina
de leve
dolorosamente Chopin
esvoaçando cinzas dum mistério funeral

agora
a noite é minha
e não suporto a consciência estranha e antiga
de só eu vibrar angústias
dedilhadas em preto e branco
nas asas deste piano

agora
a noite é minha
também o piano
e eu pertenço essencialmente
aos acordes que cantam em surdina

# REGISTRO POLICIAL
# DE EMILIANO ADAMASTOR

        Cheiro de café na copa.
        Malavolta se levanta
        empurrando o cobertor.

        Tem família. Louça inglesa.
        Escritório. Biblioteca.
        Pudim-de-arroz aos domingos.

        Escreve. Depois reescreve
        o rascunho da miséria
        (o seu projeto de dor).

        Numa Remington insolente,
        separa em sílabas métricas
        Emiliano Adamastor.


Parece mais longa a rua.

Emiliano Adamastor
(composto de corpo e alma)
olhou os filhos na cama,
ouviu da mulher a tosse,
bateu o trinco e foi embora.

O dia começa cedo
(na madrugada noturna).
Os homens deixam no escuro
lágrimas secas da pele.

Deus. Faltou água na tina?

Operários. Operários
vêm descendo a rua torta
com o medo entressonhado
e o golpe das botinas.

Amélia, Amália, Magnólia,
meninas de lábio roxo
e unhas de lua negra,
à espera dum *romance*,
falam da sorte e da morte,
da bolina do porteiro
e por que não do patrão?

Há gotas de orvalho trêmulo
entre um poste e outro poste.
O vento tem voz de cinza.
Mulatos, pretos e negros,
brancos de todos os tons,
a gargalhada amarela,
a cuspida e o pigarro,
o gol, o samba, a mulher,
operários, operários
vêm mastigando os seus dentes.

Emiliano Adamastor
parou debaixo da ponte,
tirou da orelha o cigarro,
saiu fumando de palha.

Parece mais longa a rua.
Um cão latiu na distância.

Dois gritos e duas facas.
Entre o tumulto e o rancor
a turba toda se abre
(seja louvado o Cordeiro)

Demônios repossuídos
se medem na luz do gume:
a brasa esquentando a boca
já de palavras queimadas.

Desordeiros. Desordeiros.
Povo sem lume e nem berço.

Não se aproxime, Emiliano,
ou você não passa o ano.

A faca, peixe brilhante
mergulha num lago imenso.

Cortado de corpo e alma
Emiliano Adamastor
desliza para o silêncio.

Nosso Senhor Jesus Cristo
*(ouviu da mulher a tosse).*
O sangue jorrou do ventre
*(beijou os filhos na cama).*
As mãos seguraram a dor
*(na madrugada noturna).*

Parece mais longa a rua.

Há gotas de orvalho trêmulo
na geografia do sangue.

Emiliano Adamastor
*bateu o trinco e foi embora.*

# COLÓQUIO

Para Eugênia

Somos irmãos na fuga,
minha irmã.

E esta rua também,
os estilhaços da lua entre nuvens,
esta casa, este jardim
e a ramagem morta das árvores
contra o vitral do mundo.

Somos irmãos dos estilhaços
que caem dentro da noite
e ninguém sabe onde vão morrer.

Vê como a poeira da rua nos observa.

Por trás das venezianas
as mulheres do asfalto
nos espiam
tão iguais
aos cães de nossas madrugadas.

Mas por trás dos véus noturnos
as estrelas cantam e dançam
para nós, não para as corujas insones.

Escuta.
É o nosso canto,
a música de todos os sentidos despertos,
o chamado do mar
aos que sabem fugir.

# REGISTRO TUMULAR DE EMILIANO ADAMASTOR

Plural. Segunda pessoa.
Malavolta Casadei
toma café na varanda.

O caderno a tiracolo,
escreve, anda, reescreve
um solo. Poema-lápide.

Quebrou a ponta do lápis.
Não o verso. Nem a dor.
Nem a visão do jardim.


Ciprestes do cemitério
que tanta história contais
ao vento da tarde cinza
fazei um gesto de mármore
e escutai o meu registro

Aqui jaz orai por ele
Emiliano Adamastor

Sua mãe era santa e negra
Maria da Cajazeira
Lavava linho de padre

de doutor e de rameira
Seu pai era retirante
e como fosse castanho
reservista de terceira
de olho verde e violão
saiu um dia da cama
dizendo adeus à mulher
e se perdeu pelo mundo
nem bem Maria fechava
as pernas da solidão

Aqui jaz orai por ele
Emiliano Adamastor

Veio a morte em briga alheia
na fria luz da facada

O corpo caiu pesado
na poeira da sarjeta
(de onde um dia nascera)
A rua manchou-lhe o sangue
de ódio graxa miséria
a pedra esmagou-lhe o beijo
sepultado na garganta

Esta morte soluçai

A mulher de olhos doces
e também os seus meninos
foram um escudo (e um sino)

Porém nada pode o amor
contra os espinhos da mão
ou o gume do destino

Fazei um gesto de mármore
e gritai gritai gritai

Ciprestes do cemitério
que tanta história contais
ao vento da tarde cinza
estas cinzas derramai
com os santos óleos da dor
na testa de quem passar
pela sombra do caminho

## MÚSICA SECRETA

-I-

Eu também tenho minha música secreta
no fundo de mim,
água e fuga
refletindo pedaços abafados
de meu canto.

Eu também faço o que não quero fazer
(ninguém percebe nada).
Faço com perfeição
e os peões me temem.

Gosto de cavalos. Gosto da bosta dos cavalos.
Mas na cidade tomo o ônibus das cinco.

Nunca faço apostas.

A amargura me enrijece as mãos
quando me roubam a janela.
É necessário ter uma janela.
Não vivo se não respirar a poesia
que passa na rua e no vento
e fica,

como oração crepuscular
numa casa, num pequeno jardim,
numa varanda, numa calçada,
na *eternidade* duma família.

Ninguém percebe.
Eu também tenho minha música secreta
que não se cala,
dilatando-me as veias
e as palavras.

Mas não deixo
que ela se liberte no rosto do mundo.


-II-

(Este poema,
já rasgado em tiras,
junta-se a outros
no ventre duma guampa).

## IDÍLIO

Meu coração
quando desanda ou dorme,
carvão e verde lenho, calmo e delirante,
senhor de engenho e pária,
ou *scherzo* e salmo
         põe a mão no colo de Eugênia
         (eu ponho)
         e minha selva rumina
         (em sonho).

## *I WAS BLIND*

I was blind
for the leaves that saw me.
Perhaps
I was a leaf, the drier leaf,
someone of autumn end,
and I flew with the wind,
                touching without feeling
                the blind men glance.


Eu era cego
para as folhas que me viam.
Talvez
eu fosse uma folha, a folha mais seca,
alguma de fim de outono,
e eu voasse com o vento,
                tocando sem sentir
                o olhar dos cegos.

## ÚLTIMA CAVALGADA

uma noite
como esta noite
um cavalo matou meu pai

a orla do desfiladeiro
por onde ele cavalgava
era vulcânica
e os morcegos punham avisos pendulares
no silêncio

meu pai
apenas corpo
não vi o meu pai morto

a noite
como esta noite
recolhera a rede de fosforescências
e expunha entre as rasgaduras do escuro
uma lua de vigia
nos galhos negros

escorregadia
a trilha e erradio o vento
pios de tocaia se revezavam nos presságios
e no lamento

apenas corpo
selou o cavalo na cocheira
e montou-o para a noite
uma noite como esta
não vi o meu pai morto

fazia frio
fazia um rio no valo e na ladeira
quando a morte erguendo o seu capuz
impôs ao mundo a luz duns olhos brancos
e vazios

os pios da tocaia revoaram
surdos
o cavalo
apenas casco e medo
meu pai
apenas corpo
pisoteado e morto

esta noite
nem bem o sol posto
sopro o carvão ainda vermelho
de meu ódio
e lavo o rosto

vejo o meu pai
no fundo do espelho

## CINZAS

> Não fui, na infância, como os outros
> e nunca vi como os outros viam.
> ............................
> Tudo o que amei, amei sozinho.
> EDGAR ALLAN POE

eu
fecho
este álbum
de fotografias
como quem sela
o vaso de suas cinzas

El majo de la guitarra

# O CANTO FURTIVO

## AVISO

Miguel Carlos Malavolta Casadei e Paulo de Tarso Vaz Vendramini sempre se destacaram entre os meus alunos mais promissores, nos cursos de literatura e história da arte. Este livro, *O canto furtivo*, reúne os exercícios literários que eles compuseram na juventude, publicando-os na *Gazeta de Conchal* e no *Correio de Santana Velha*.

Aqui os poemas aparecem sem divisão de autoria, porém os leitores daqueles jornais sabem que Vendramini abre a porta da literatura para a música; e Malavolta habitualmente percorre o âmbito dos sentimentos sociais e dos ressentimentos pela perda essencial: amor e morte.

Fiéis à originalidade radical, tiraram duma lápide no Cemitério dos Escravos, em Conchal, o pseudônimo que figura na capa. Eternos discípulos de Poe, proíbem que o assunto seja visto como enigma e insinuam: "Todas as lendas abrirão meu túmulo..."

SÃO PAULO, 1970/2008
ORSO CREMONESI

Disparate ridículo

A Sylvia

*Eliminei as interjeições.*
*Já não acredito em interjeições.*
PAULO VENDRAMINI

*Furtivo é o cantor, não o canto*
*que instiga, transgride e alumia.*
*Se a voz do cantor se aquebranta*
*reverbera na poesia.*
MARINA BECKER

*Eles me arrastaram para fora,*
*para um lugar solitário.*
*E perguntaram: "Acredita*
*na grandeza da raça branca?"*
*Eu respondi: "Senhores,*
*para dizer a verdade,*
*acredito no que quiserem*
*desde que me deixem ir embora."*
*. . . . . . . . . . . . . . . . . . . . . . . . .*
*E o valentão gritou: "Negro.*
*olhe para mim, negro,*
*e jure que você acredita*
*na grandeza da raça branca."*
LANGSTON HUGHES

Disparate alegre

**Prêmio Governador do Estado
São Paulo
1965**

## O VELHO SINEIRO

Toco o meu sino
com sentimento. Por quanto tempo?
        Um dia. Um ano.
Mais um domingo de som e fúria.
        Arrebatamento.

No ar,
por quem o bronze some?
Dobram por mim os sinos
        no poema de John Donne.

Um dia. Agonia. Um ano.
Me enterrem com aviso de recebimento.
Não quero vagar no limbo
        por desengano ou incúria.

## POEMA PARA USO INTERNO

O mal
o mal profundo não me acontece

      Eu sou o José da casa
      e se acontecer
      o mal profundo não me tocará

Basta que eu volte para casa
e fale olhando nos olhos a meu redor

      Eu sou o José
      É de muita responsabilidade ser o José
      Então serei o José falando

      Por um momento
      estaremos todos encarcerados
      na mesma surpresa
      O mesmo vento iluminará nossos corpos
      Um cansaço único pesará na casa
      como sono antigo

      Mas antes que a surpresa seja profundamente má
      eu sentirei nos ombros
      um afago de mãos brandas

      um sorriso abrirá portas e janelas
      uma voz grave dirá
      isso não é nada

Eu terei certeza de que não foi nada
Nada me aconteceu

      Sairei da sala José como sempre
      e nesse dia
      verei mais longamente as aves da rua
      aves
      algumas raras
      outras atropeladas
      a maioria de bico recurvo e olho pestilento

## O VIOLEIRO

Minha casa tem seis portas,
todas elas de saída.
Quem quiser que vá embora
e descambe na descida.

Minha casa tem seis portas,
todas elas de entrada.
Quem quiser me dê um abraço,
faço parte da morada.

Minha casa é uma ilha
pelos ares contornada.
Quem precisar de meu colo,
faço parte da mobília.

Minha casa é uma ilha
perdida na madrugada.
Quem me quiser venha logo,
mulherio ou namorada.

Meu canto não sobe a escala
nem paira por sobre o abismo,
nem mesmo quando eu me perco
na sala. Recordo. E cismo.

Meu peito tem sete cordas
partidas e repartidas.
Quem quiser me traga a cola
de dolorida ferida.

Meu peito tem sete cordas.
Nenhuma desafinada.
E hoje ninguém me amola,
faço parte da viola.

## LORD SPARKENBROKE*

Sinto que sou Piers, lord Sparkenbroke,
nunca por sonho ou devaneio verde

sangrando rosa e prata no meu nada.
Os pássaros cantaram amor e morte

suavemente, sinto que sou leve
nesta noite, no silêncio do bosque.

A música desceu no meu arroio.
Abro a janela. Órion e os castanheiros.

Sinto que sou Piers, o Senhor de Derry,
pois hoje algo morreu dentro de mim,

sou leve, não preciso crer nos homens
e ninguém me verá entre os carvalhos.

Todas as lendas abrirão meu túmulo.
- Retire-se, Bissett. E leve o chá.

*O romancista inglês Charles Morgan (1894-1958) escreveu *A fonte*, *A viagem*, *Retrato no espelho*, *A casa vazia*, *A história do juiz*, *Sparkenbroke*...

# O TROVADOR

Na trova nada se cria.
Nada se perde ou se atreve.
Na trova tudo se escreve,
escreveu ou escreveria.

Eu trovo enquanto trovejas
de inveja e de desamor.
O amor não cabe na trégua:
na régua do trovador.

Minha trova alça voo
(a valsa do imperador).
Sem enjoo acerto o tiro
(mentira de caçador).

Eu trovo enquanto esbravejas
por nada. Só por temor
de minha trova sonhada
(verdade de pescador).

Eu trovo de madrugada
sem alarde ou penhor.
Trovo de noite. De tarde.
E no Dia do Senhor.

## CANTO MALIGNO

Ouço
o canto da sereia
e não me prendo ao mastro
(sou livre como todos os bandidos)

A tripulação está desesperada
todos olham tristemente os meus cabelos revoltos
de deuses e serpentes

Essa pobre gente crê
no canto maligno de Circe
quando a verdade é que Cristo andou sobre as ondas
e eu não me prendo ao mastro

Atiro-me ao mar
como bagagem inútil que sou
mas nos meus dentes não existe o aço lampejante

Apenas ouço o canto
cheio de distância e mistério
que me atrai e me abre o seu precipício

(Sou livre como todos os bandidos)

Meu barco
já é horizonte
e sinto a brisa chorar

## MORTE NA TARDE

Meio torto e um pouco feio
ele não tinha nome.
Convidado a um rodeio
foi chegando tartamudo.
Era Deus e era homem.

Domam o vento, na poeira,
os demônios do mundo.
Ele não tinha nome
mas viu entre as árvores
a gaze do sol morto.

Esse bezerro sem erro,
tanto colaço no laço.
Touros e potros de lenda,
rumor de chifres e cascos.
O pasto. Olhares de prenda.

Na cancha o sangue nefasto.

# ODE A MÁRIO DE ANDRADE

Enterrem os meus pés
na Rua Amando de Barros
(a argila sempre encontra a argila).

Ressequem a pele
ao vento das ladeiras
(onde ele mais sibila).

A cabeça,
menos os olhos porque ainda preciso deles,
guardem na Escola Normal.

O peito e os ombros no Bosque.
A saudade no Paratodos.
Os joelhos na Catedral.
Soltem as mãos no Rio Lavapés
(os braços irão atrás).
Deixem rolar na *Cuesta* o coração.
E o sexo onde estiver a Mazé.

Arranquem-me a jugular,
e só agora os olhos, com ou sem o orvalho,
frente ao Cassino por onde passará
(perene e fugaz como o tempo)

Selene Teresinha Soalheiro de Carvalho.

Minha sede, afoguem no Chafariz.
Adotem meus livros e meu cão.

Depressa queimem os restos
onde queimaram o Espéria.
Não quero o meu corpo
no Campo Santo.

Por que sepultar-me em lembranças?

# COMPASSO DE ESPERA

Dizem
que a poesia morreu
nos espinheiros deste século

É verdade
Mas ressuscitou ao terceiro dia
e virá julgar a angústia de cada homem

Enquanto
uma angústia existir
para ser julgada à luz do sol
a poesia brotará de todas as fontes mortas e secas
como a ave desce o voo
e lentamente se agasalha na sombra

## POEMA

Ofício e osso
Que pena ter envelhecido
Eu estava tão bem moço
Olhando e vivendo
      De nada me arrependo

Li "O pêndulo e o poço"
Não nessa ordem
Tenho aprendido que nem só os cães mordem
Nenhuma diferença
      entre inocentes e bandidos

# ÁRIA PARA FLAUTA

Em mim a música passa num gesto de limbo.
O rosto desconhecido, a voz sem cor.
A música passa
e fica no fundo de meus olhos,
como se viesse cansada e então pousasse,
mensageira do nirvana.

Não me diz uma palavra.

Eu lhe ofereço as mãos, a flauta e o medo
que sempre tenho de sua presença antiga.

Ela me toma as mãos e a flauta.

E de repente,
a princípio mansamente,
depois com a força duma tempestade de areia,
sinto o espírito de todas as águas
na atração da natureza,
aves agarradas ao voo, uma centelha,
o grito dos frutos dilacerados ao redor da madrugada,
um calor de terra e vinho.

Não me diz uma palavra.

Sua voz abandona minha flauta
e retorna ao lugar onde nasceu,
ao riacho, ao campo, aos pássaros.

Por que a música procura meu sangue
e corre de mim?
Por que permanece e me abandona
no canto oblíquo que eu faço?

Vejo que o vento também desce sobre as árvores
num voo de flauta perfeita,
dizendo vozes que eu jamais escreverei.
Mas as árvores e o vento não perguntam nada
e eu pergunto
(a pergunta em mim é uma doença).

Se eu não insistisse em indagar,
talvez minha música se parecesse
com o canto das árvores e do vento.

Não me diz uma palavra.

# TREVO

O estorvo é do povo,
a trova é do condor.
"Nunca mais", diria o corvo
na cova do pensador.

Amanheceu trovejando.
Que dor o meu peito esfola?
Passei a mão na viola
e saí me violando.

Não me atrevo. Não me atrevo.
Minha sina. Minha sorte
(se antes me mata a morte).
Só três folhas tem meu trevo.

## MORTE NA FAMÍLIA

Entram mulheres e flores
de sombra, memória e pranto.
Os homens saem calados,
movendo fora do álbum
os retratos da família.

Meus olhos de terra úmida
caminham pelo silêncio.

A cadeira solitária,
o pão que não foi partido,
a voz que esfriou no sangue
de repente mergulhada,
as mãos, a mudez das mãos
fechadas sobre o vazio
numa oração torturada.

Palavras. Estas palavras,
mendigas de meu sentido,
sem vida, sem cor, sem rosto.
A grande luz apagada,
que palavra acenderá?
Nenhuma, meu Deus, nenhuma.

Não há palavra que diga
a mudez daquelas mãos,
por onde ao mundo viemos
e a vida compreendemos,
sem pressa, mágoa, aspereza,
suavemente existindo
como quem anda na rua
e vê uma folha seca,
um pouco antes da esquina.

Ninguém me disse que a dor
era uma dor, esta dor,
qualquer coisa que se toca
com o corpo mutilado,
porém, arrancada a frio
do fundo de nossa morte.

Os homens estão calados,
iguais aos gestos de mármore,
aos livros da biblioteca.

Saem mulheres e flores
de sombra, memória e canto,
canto, canto, canto, canto.

Pois de repente chegamos
e igualmente partimos,
arrancados, insepultos
de terno azul e gravata,
de terra santificados,

como quem anda na rua
e sente a chuva no rosto.

Com o corpo mutilado.
E nos lábios este sal
de sombra, memória e grito.

## ÁRIA NAS CORDAS GRAVES

A tolice de pensar que meu talento
é inédito.

Eu já caí em domínio público
e sou uma edição de feira em pleno abandono.

Meu talento é antigo,
tem atormentado os monges e sua crença
desde o tempo de Gutenberg
(seu vício ainda é o cilício).
Meu talento
(espelho fraudulento)
já se expôs em velhas bibliotecas
de mosteiros e conventos
(sarcófagos de si mesmos)
num luxo de estampas e papel *Woodfree*,
rubricado por asas de inseto
(a esmo).

Hoje está no sebo: não lido:
desconhecido: uma brochura para mãos infames
(enquanto demora o ônibus),
os dedos transeuntes, suados,
manchando nas folhas, por um momento,

o caminho dos ratos e do pó.

Sou uma repetição.

Tolice pensar diferente,
pois nada há de novo nas paixões inúteis
e na comédia de Jó.

E o talento que eu suponho com altivez
vale menos que uma lição sem mestre
na sarjeta.

## PRIMEIRO CANTO FURTIVO

Colocarei em palavras
em palavras sentirei
o piano sem palavras
e a voz que não escreverei

Será um pouco de nada
do mundo que sofrerei
palavras e só palavras
em palavras eu direi

Ninguém dirá ouvirei
a voz que é pedra em meu corpo
o piano sem palavras
sua voz eu calarei

As pedras eu rolarei
em meu abismo de dentro
mas as palavras de cinza
eu gritarei gritarei

Depois... nada ficará
como se nada eu dissesse

## MAFRA CARBONIERI

Em minha grade de terra
nenhuma flor nascerá

Ninguém dirá ele disse
palavras e mais palavras

Ninguém dirá ele vive
na voz que não foi escrita

Então silêncio eu serei
serei o vento e a terra

E como quem vai embora
eu outra vez morrerei

## DÍSTICOS

> Em que invisível foro
> rege um juiz ausente?
> CARLOS DRUMMOND
> DE ANDRADE

O bar dentro da noite não é lâmpada
acesa, nem caminho de Pasárgada.

Tão-só uma pausa na canção amarga.
Compasso de espera. Não de esperança.

Ali o mundo se reduz a pouco:
a garrafa na mesa, os olhos de fumo,

angústia, pó de serra no soalho,
alguns homens fugindo de seu luto.

O sono desce, viscoso e palpável,
nos vidros, nas mãos, no círculo de álcool.

O bar dentro da noite não é lâmpada
acesa, ou uma praia, ou uma voz.

É a anunciação do nada e do silêncio
onde se esquece do piloto anônimo.

## POEMA INVETERADO

É sábado.
Não porque seja o último dia
da criação.

É sábado
porque todos os bons homens do mundo
estão cantando longe de mim,
na igreja, na esquina, debaixo das árvores,
no escuro dos muros, sob a ponte,
ou no fundo da rua. Estão cantando
e não têm tempo
para o vazio dos dias úteis.

É sábado
porque neste bar existem todas as virtudes,
incluindo as teologais.

É sábado
porque existe esta mesa, existem unhas sujas
e a vozes estão abertas.

É sábado porque Cristo é Deus,
ou não é Deus,
(ninguém se importa com isso)

e os anjos da guarda beberam.

Os homens podem fugir.
Essa é a única verdade deste sábado.

As palavras são fáceis,
a noite é fria, mas só na rua é noite,
só é noite longe de mim.
O conhaque me ilumina.

E nesta mesa,
em todas as mesas de homens reunidos
num sábado,
os pensamentos correm claramente
como rios,
como luz dentro do copo
ou estrela dentro da noite.

## ANA MALAVOLTA CASADEI

Sempre
Eu sinto
Sua ressurreição
No eco de meus passos

## CANTIGA DA FLOR DO LÁCIO

Já dizia o Mestre Sá
(homem dum só parecer,
dum só rosto e duma fé):
O sol é grande, Maria,
as aves caem com calma
no Mosteiro de Alcobaça.

Passa de largo, Francisco,
vou dizer a D. João,
à Corte, em Almeirim,
que tu és filho de clérigo,
és incenso, ouro, mirra,
na voz de Brízida Vaz.

Se as flores rubras de Espanha
cantam em Lepanto o Maneta,
a presença do Mondego
canta o Cego dum Só Olho.
Quem sabe da alma minha
de Lisboa até Macau?

Depois vieram outros tempos,
de odes, mármores, flautas,
de virgens opalescentes,

trabalhadores nos cais,
Cesário, Fernando, Mário
e sempre o lirismo-lírio
da prata do velho armário.

Ramos do verde pinheiro,
águas do sombrio Lis,
areias do meu Restelo,
levai bem longe a cantiga
— os raios da extinta luz
da última flor do Lácio.

## SEGUNDO CANTO FURTIVO

Uma folha em branco
A minha vida totalmente em branco
Um desenho
Verei se me lembro dum poema antigo

Fora de mim
a noite caía em ser triste
a noite macerada
a noite decepada e triste
como o sentimento dos cães atropelados

Uma folha em branco
Eu era tão preocupado em enervá-la
de palavras coroadas de espinho

No rosto
um desenho absurdo com luzes de faca
um desenho de palavras
que se rasgavam por dentro

Eu era tão preocupado em não ser
uma folha em branco

Agora amarro os sapatos

sem a mínima lua na árvore
e uso chapéu
por causa do sereno

Verei se me lembro
O relógio dizia sessenta segundos por minuto
Um poema antigo
A minha vida totalmente em branco

# LIRA NO HOTEL

> Vou fazer
> A balada
> Do Esplanada
> E ficar sendo
> O menestrel
> De meu hotel
> OSWALD DE ANDRADE

Esta lira de Marília
de repente aconteceu.
Mas que me adianta Marília
se não me chamo Dirceu?

Nem mesmo Antônio Gonzaga,
nem Critilo ou Doroteu.
Tenho no peito uma chaga
mas não me chamo Dirceu.

Na hora da lira eu janto
o caldo quente do hotel,
arroz de Braga, o meu pranto,
bife e mosca moscatel.

Esta lira de Marília
em ira se prorrompeu.
Sofrendo, estou em vigília,
singularmente Dirceu.

Marina, Magda, Marília,
que faço de minha fome?
Uma lira de Marília
ou uma ira sem nome?

Tudo cai em minha sopa,
menos os favos de mel.
Hei de gritar ira e lira
à Bandeira Manuel.

Derramando nesta lira
o melhor do sangue meu,
dir-se-ia, dir-se-ia,
sim, dir-se-ia Dirceu.

Mas não me chamo Dirceu
enquanto espero o café.
Nem Critilo ou Doroteu.
Eu sou apenas José.

Terminada esta lira
irei ao dono do hotel.
Falarei de minha ira.
Rugindo. *Leonis-leo*.

## TEMA DE CONCERTO EM SOL MAIOR

> Vão para o diabo sem mim,
> Ou deixem-me ir sozinho
> para o diabo!
> Para que havemos de ir juntos?
> FERNANDO PESSOA

Quero sair daqui.

Eu quero sair daqui, já disse,
como vento inesperado a agarrar todas as raízes.
Nada mais quero além de ir embora.

Por fora os homens são paredes
que a vida construiu para matá-los.
Afogamento. Esmagamento.
Pedra por pedra.

Eu quero uma porta e salvar-me por dentro.

Porta de ir e ficar.
Que me importa se ninguém me entende?
Ter na distância, longe,
o sentido das águas. Ir embora.

Águas livres dum rio impermanente.
As águas cantam a simplicidade das coisas claras
num hino que se repete como a presença do pão.
Só o que é claro pode ter sentido.

Não insistam para eu ficar (ou partir)
nem perguntem aonde e como eu vou
(eu não saberia responder,
ou responderia demasiado
- o que é a mesma coisa).

Não me ofereçam palavras.
As palavras não disseram nada nunca.
São paredes.

Eu quero ser na distância,
longe, igual ao enigma do sol, no verão.
Ele não precisa de palavras,
jorra e se decifra como chuva cintilante.

Uma porta.
Nada mais. Uma porta.

## MENSAGEM DO PIOR FILHO PRÓDIGO

> E agora, José?
> CARLOS DRUMMOND
> DE ANDRADE

Senhor
eu volto à tua casa

No fundo do mar
o peixe mais cego
no fundo da mata
o galho mais seco
no fundo da rua
a pedra mais torta

Assim eu estou

Não sei mais cantar
nem mais saberei
inútil me encontro
inerte me prendo
à minha derrota

Da vida que arrasto
aprendi muita coisa

que nada me vale
viver já não posso
gostar já não sei
a culpa foi tua
o barro era falso
o sopro era amargo
recebe meu espírito
a culpa foi tua
deste-me tão pouco
perdi muito mais

Senhor
eu volto à tua casa

Não adianta chorar
não espantes meu anjo
com lágrima e vela
deixa-me passar
eu quero correr
os campos antigos

Assim me quiseste
o peixe mais cego
o galho mais seco
a pedra mais torta

Eu volto à tua casa
não sou o filho pródigo
das santas igrejas

não volto humilhado
só volto batido
vazio cansado
não quero parábola
nem mesmo palavra
não quero tua bênção
nem carne nem festa
nem vinho de sol
que parem essa música

O peixe mais cego
não tiro o chapéu
o galho mais seco
nem meu paletó
a pedra mais torta
detesto essa água
que me lava os pés

Senhor
eu volto à tua casa
o barro era falso
o sopro era amargo
deixa-me passar
deixa-me morrer
nos campos antigos

## ARPEJO EM ESCALA MENOR

uma noite
um negro e uma branca chorando
um choro triste
uma branca triste por não ser nada
a hora entre a noite e a madrugada
em que a esperança lateja na lua
ou num sax-tenor
um negro triste
não por ter perdido o amor
mas simplesmente por ter lido Langston Hugues
numa noite

# ÚLTIMO CANTO FURTIVO

Minha cidade perdida
na serra, no rio, na mata,
deu-me uma casa de pedra,
o pão que Deus amassou
e o pó vermelho do vento.

A casa encerrou meu canto.
Por isto, esta mão que escreve,
este ser furtivo, o rosto,
os olhos, o pensamento,
têm a forma duma grade.

O pão despertou minha fome.
Então gritei contra o vento:
"Eu quero pão de padeiro."
Nem só de pão vive o homem
e fui expulso da igreja.

Ergui a gola da capa,
discreto e subversivo.

Nas altas horas da noite,
à luz duma lua turva,
andei ao longo dos muros

com ideias de granada
e frases na mão de piche.

Que me adiantou tudo isso?
Baixei a gola da capa.

As namoradas que tive
não fizeram cerimônia:
vieram, viram e venceram.
Mas o vento é testemunha:
eu amei uma só vez
a amada que nunca veio.

Minha cidade perdida
atirou-me um pão de pedra.

Às vezes eu olho o céu,
angústia de sol e nuvens,
e sofro a esquiva impressão
de também nunca ter vindo
e que nada disto existe.

# EXUPÉRY*

Existe a terra dos homens

A noite é febre no tempo
a noite é medo tranquilo
(tornei-me um corpo metálico
entre o azul e o precipício)

Existe a terra dos homens
na fonte que não secou
na brisa clara das águas
na areia de meu deserto
no vento — nas noites brancas

Existe também em mim

Por estranho que pareça
tornei-me um corpo metálico
entre a rocha e o abismo
(eu sinto o sal das estrelas)

Aterrisso no horizonte
Existe a terra dos homens
na fria encosta do monte
no cajado dos pastores

num dar de mãos entre a neve
no caminho destas asas
no mar — em todas as praias

No azul que se faz silêncio
existe a terra dos homens

---

*Antoine de Saint-Exupéry escreveu *Cidadela*, *Voo noturno*, *Piloto de guerra*, *Terra dos homens*...

## CONVERSA PROVINCIANA
## NA REDAÇÃO DO SEMANÁRIO

Poetas meus camaradas
nesta cadeira sentemos
a noite desceu lá fora
conversemos conversemos

Logo virá o cafezinho
com biscoitos de polvilho
das mãos do bom redator
logo virá esperemos

Falemos de nossa angústia
em termos de pura lógica

Ela existe ou não existe

Se existe muito bem
o ponto final pinguemos
qualquer soneto resolve
(fescenino ou alexandrino)
no canto esquerdo da página
com a ilustração da oliveira
no bico de dois pombinhos

Há quem prefira uma seta
sangrando o velho *cor-cordis*
(tem-se resolvido assim
desde tempos mais sensatos)

Mas o café vem chegando
o momento respeitemos

E quando formos à missa
de terno preto passado
a gravata borboleta
o brilho no borzeguim
o cravo na botoeira
as moças da Rua Larga
pensarão em nossa dor
rezarão por nossa paz
olharão em nossa angústia

Vantagens que conhecemos

Poetas desta província
a noite desceu lá fora
o vento rege o horizonte
falemos de nossa angústia
em termos de pura lógica

Ela existe ou não existe

Se não existe pensemos
aceito mais um biscoito

é uma ausência inconveniente
ninguém hoje se alimenta
sem sal mostarda ou pimenta

Nesse caso meus senhores
o remédio é ser francês
que adota a náusea dos outros
e fica amargo também
por milagre da ironia
mais biscoitos mastiguemos

Entretanto camaradas
poetas do semanário
nem sempre se torna fácil
ser francês de hora em hora

Por isso lanço esta fórmula
da angústia que sentiremos
somos filhos do após-guerra
da Guerra do Paraguai

O café já foi tomado
mais um pouquinho tomemos
nossos traumas independem
do tempo que transcorreu

Poetas meus companheiros
nestas cadeiras fiquemos
a noite desceu lá fora
poetemos aqui dentro

as estrelas vêm falando
coisas de muita importância
o vento rege o horizonte
escutemos escutemos

# ANTIGO REGISTRO
# DE EMILIANO ADAMASTOR

No morro a noite não cai.
Ela apenas se ajoelha.

Emiliano Adamastor,
composto de fome e sono,
abandona no martelo
a sua mão de suor.

O dia termina à noite
num grito de talhadeira.

Entre o tumulto e a fuligem
a rua toda se esconde
nos passos e sua poeira.
A sirena abre os portões.
Operários. Operários
vêm fustigando a ladeira
com a raiva adormecida
e o peso das botinas.

Sob as vozes (ou preságios)
deste vento e desta hora

Emiliano Adamastor
riscou o fósforo entre os dedos.
Num halo de névoa azul
parou debaixo do medo,
disse adeus e foi embora.

Do bar a luz alvacenta
se derrama na calçada.
Cerveja. Prosa. Tremoços.
O conhaque de alcatrão.
A gargalhada de ferro.
O samba na mesa nua.
A mulher. E a mortadela.

Venha conosco, Emiliano.
Sorriu, deixou para o ano.

Começa a subir a rua.

Numa parada de dor
uns meninos vêm descendo
com as barrigas de tambor
e a clarinada nos olhos.

Emiliano Adamastor
atira longe o cigarro.
A brasa morre no chão,
num choro de quase estrelas.

A noite mais se ajoelha
no murmúrio constelado.

Porém é hora da reza.

Uns olhos doces, pisados,
esperam tendo na mesa
o que se chama jantar.
O homem ergue nos braços
um filho de sua fome.

No morro a noite não cai.
Ela apenas se ajoelha
e deixa a lua brilhar.

A lua fica brilhando.

## *JUST WORDS*

> A inveja roedora, a ira no raciocínio e na saliva, a surpresa ressentida, isso pode fazer da crítica o oitavo pecado capital.
> ORSO CREMONESI

Sendo o orgulho a vaidade contra todos,
a preguiça sorri da arrogância.

Avareza. Piedade com artrite.
Usura. Dinheiro com ânsia.
Ira. Hipocrisia da coragem.
Ódio. Incêndio sob a pele fria.

Sendo a mentira o furto da verdade,
retocamos o medo no espelho.

A capa da inveja esconde o rancor.
Seria a gula o ciúme da fome?
Seria a luxúria incúria e despudor?

## PONTEIO

Na trova nada se tranca
atravessa ou atravanca
Eu trovo até sob o rio
onde rio rio rio

Bem devagar ou depressa
na trova nada me espanta
Seja calor seja frio
a trova só me acalanta

Trovoada trovoada
Um travo injusto me isola
e me envolve na treva

Soco fumo no fornilho
chamo no pasto o tordilho
e vou trovar na viola

# AGENDA

Rejuvenescer
o Rio das Velhas
Amadurecer
o Rio Verde
Contemplar
o Rio Negro
Salgar
o Rio Doce
Perder-se
no Rio Pardo
Chorar
no Rio São Francisco
Fugir
no Rio Branco
Voltar
pelo Tietê
Afogar-se
no Pinheiros
Invejar
o Rio Tejo
Não se distrair
no Rio Arno
Filmar
o Rio Sena

Investigar
os salmões do Rio Tâmisa
Cair no Ganges
Sair do Nilo
Sucumbir no Eufrates
Renascer no Mississippi
Delirar no Amazonas

Mudar para amarelo
o Danúbio Azul
Pintar de prata
o Mar Vermelho
e
ressuscitar o Mar Morto

# RETRATO DO ARTISTA QUANDO JOVEM

A Marina Becker

Falante. Também ouvinte.
Pedante. Nunca pedinte.
Cigarrante. Não bebente.
Nem chegante. Nem partinte.
Arrogante. Não perdoante.
Nem crente. Nem descrente.

Vivente. Gargalhante.
Poetante. Pianante.
Demente. Pesadelante.
Mulherente. Sofregante.
Brutamante. Ternamente.

Escrevente (cotidiano).
Espanante. Até brilhante.
Lavante. Também passante.
Desandante. Não cainte.

Viajante. Circulante.
Azedoce. Amarante.
Salgalume itinerante.

Delirante. Contemplante
(mais um solo de berrante).

Confitente. Não chorante.
Recordante (com requinte).
De repente... comovente.
De repente... despedinte.

Um homem. Por conseguinte.

Caza con reclamo

# MODAS DE ALDO TARRENTO
—

**MAFRA CARBONIERI**

## ERUDITO E POPULAR

A mitologia grega soa estranha e pesadamente no século XXI d.C. Zeus não se arrisca hoje entre os mortais. Hermes seria assaltado no primeiro semáforo. Um fumante de *crack* jamais distinguiria Juno na neblina esverdeada dos viadutos. Não está ao alcance de nenhum semideus remover na TV os detritos das cavalariças de Augias. Que agência de publicidade confiaria nas virtudes carnais de Afrodite? É verdade que Cupido reapareceu não faz muito tempo, mas só para ser chamado de estúpido.

Porém, em Conchal, pequena cidade a oeste de Santana do Rio Batalha, na Cordilheira do Peabiru, terra de rodeios, violeiros e cantadores, ninguém se espanta com a simbologia grega e nem acredita que ela seja remota.

Ali todos sabem que Homero não era cego. Riem da lenda absurda. Homero Reis, locutor da *Hora do Ângelus* e mestre em manufatura de couro, com loja em Pratânia, sempre teve uma visão muito clara de seu destino, tanto que se casou com a filha mais velha dum forte pecuarista do Turvo, o Juvêncio Martins, também conhecido por Jove.

Estatuetas de argila, do negro Fídias, rivalizando com as de Vitalino, podem ser vistas e compradas às dúzias em qualquer barraca da Rodovia Camilo Castelo Branco. Ícaro, vereador e dono dum posto da Texaco, no Largo da Matriz, ultimamente vem mantendo um *hobby* caro: o aeromodelismo.

Em Conchal não há quem não confesse ao menos uma passagem pelo Monte Olimpo, um motel da Castelinho.

Como se não bastasse tanta atualidade clássica, o boiadeiro Heródoto, como sempre delirante, para não dizer bêbado, tropeçou uma noite na soleira do Pireu's Boliche, enquanto lhe desciam às costas — desaforadamente — a porta de ferro. Sem tragédia, e sem nunca ter lido a *Invenção de Orfeu*, do aedo Jorge de Lima, o peão sussurrou para o silêncio da praça e da calçada: "A garupa da vaca era palustre e bela."

A poesia de Aldo Tarrento, temperada na viola e no berrante, e cadenciada pela andadura do cavalo, pertence a Conchal, com a sua espontaneidade rude. Mas a mulher do cantador, Ester Varoli Tarrento, culta, livresca e regente do coro da igreja, andou mexendo no texto: semeou estilo: transplantou literatura: espalhou ninfas no capão de mato.

Ícaro elogiou os poemas na Câmara. Homero não se animou a interpretá-los ao microfone.

De qualquer modo, pelo menos neste livro, o erudito nada mais é do que a desfiguração estética do popular.

SÃO PAULO, 1999/2012
MAFRA CARBONIERI

A
Marina Becker
e Aurora Bernardini

Los ensacados

*Meu poema
é um tumulto
a fala
que nele fala
outras vozes
arrasta em alarido.*
GULLAR

*Não há escritores proibidos.
Há censores sucumbidos.*
ORSO CREMONESI

*O relógio
não mede. Trabalha
no vazio: sua voz desliza
fora dos corpos.*
GULLAR

*Não há poetas herméticos.
Há leitores herméticos.*
ORSO CREMONESI

MAFRA CARBONIERI

## PRANTO PARA ESTER VAROLI TARRENTO

Tu me tens asco
quando a soco te descasco
de panos e rendas
e sob um luar crescente
te desperto o oco
penitente

Voltas do susto (muito branca)
recompões as prendas
no lençol rasgado

Ameaças um talho de unha ou dentes
quando a custo te passo a tranca
na desnuda anca
(meu gado)
e desfaço as lendas
no atalho de teu corpo

Tu me tens nojo
(pelo menos um pouco)
se te sorvo o apojo
e sob um céu de corvo
meço por dentro o teu ventre
alvinitente

Perversa incúria
Tu me tens pavor
(eu preferia medo)
quando desloco em fúria
o foco do degredo

Sangras injúria e segredo

Sempre te derrubo ao cubo
(nunca pela metade)
Tudo para que grites
mais ais
serenando o despudor
o amor jamais

## MAXIMAL

> Há quem receite a palavra
> ao ponto de osso,
> de oco, ao ponto de
> ninguém e de nuvem.
> Sou mais a palavra com febre,
> decaída, fodida, na sarjeta.
> MANOEL DE BARROS

O verso é himenal
e por vezes complacente.
Para quem ser minimal
contrariando a torrente?

O verso é terminal
tendendo a sobrevivente.
Tudo é maximal
consequente ou inconsequente.

O verso na transversal
confunde anverso e reverso.

Tendo luz intermitente,
só a poesia o afeta.

Por que parecer converso
a dramas de minipoeta?

# CANTIGA DE ESCÁRNIO

*A Ester*

Mulher,
tire a calçola
e vista este baixeiro.
Tantas argolas.
      Pulseira ou brinco?

Ponha a barrigueira de cetim
enquanto eu fecho o trinco
      da porta.
Um de cada vez, balance o estribo.
      Acalme a aorta.
Jamais esconda de mim o umbigo
      e o jasmim.

Dance,
isto não tem cura.
Erga as pernas acima da peiteira
      e dance.
Escarve o chão. Enrosque-se no pelego.
Gosto de escutar na esteira, ainda,
      o tranco da ferradura.

Agora,
soltando lentamente esse cabresto,
escorregando a crina,
no olho branco o cintilar da foice,
morda o freio, mulher,
      e me dê um coice.

Mulher,
      você está linda.

# EXERCÍCIO

Minha construção da manhã
é ouvir *Feitio de oração*.
Minha oração da noite
é ler *Construção*.

A escritura do dia:
verso, moda e melodia.
Lavra a labareda o carvão do tempo:
eira e beira de Aldo Tarrento.

A constituição do ano
(para que seja de sempre):
não me esquecer jamais de Gil e Caetano.
E Vinicius Cruz de Moraes
(assim não se apaga o fogo na trempe).

Mas, no passo das horas calcinadas,
de mãos dadas em derredor do mundo
(missa ou feira),
no ar as fadas malfadadas,
sinto a falta que faz Manuel Bandeira.

Os sinos da Paixão,
de Belém, ou do Bonfim,
caminham pelo vento (não importa
se montanha ou ladeira).

Seu ressoar antigo, grave,
e agora lento,
pulsa em mim:
Jobim. Jobim. Jobim.

## RICARDO REIS REVISITADO

O que fazer da palavra?
Por Zeus. Que tem feito Pã
das vozes de sua flauta?

Antes de tudo fazê-la
e não por ela ser feito
como um mar de brilho opaco,
azul, de rios desaguados.

Antes de tudo fazê-la
uma lira de Homero,
que toca, sendo tocada,
e não para de tocar
enquanto o carro de Febo
faz o seu giro de incêndio
nos trigais e nos rochedos,
clara e compassadamente
como o vogar das trirremes.

Antes de tudo fazê-la
não verdade, mas contenda
(dogmas a areia desmancha
e a arena inventa a legenda).

Antes de tudo fazê-la
uma paz, antes de ira,
uma ira, antes de morte
(que a ira logo se queima
e a morte a si se sepulta).

Por Zeus. Que tem feito Pã
das vozes de sua flauta?
Uva, figo, vinho, mel,
ode na aragem de Tebas,
uma coroa de louros
na passagem das Termópilas,
ou, na garganta dum velho,
o seu cálice de cicuta.

Antes de tudo fazê-la
e não por ela ser feito
qual Penélope, a fiel,
que, tecendo, se teceu.

Antes de tudo fazê-la
de grito, canto, ou silêncio,
de sal, ou mesmo de hera,
de terra, fel ou limalha,
de mármore, de porcelana,
ou linho, espuma, suor.

Fazê-la, de qualquer modo,
pedra que se plante em sangue
e não sufoque, germine.

E de palavra em palavra,
no arvoredo do caminho,
deixar um risco na casca.

Qual mapa de rachaduras
num vaso de argila grega,
a resina há de guiar
os que vierem depois.

A resina há de guiar.

## SEM NORTE

Ao sair de casa
cortaram-me as unhas rente à carne
Eu nada posso
contra as garras da rua

Os excrementos do jardim público
A exalação ferindo-me como infâmia
no fundo de mim
revolvendo toda a náusea do mundo
em meu sangue

Reboam os sinos da Catedral
no telhado da Cadeia
Quermesse de aldeia

Na multidão
minha náusea me arrasta para frente
ou para trás

## OS CAVALOS

> Era um cavalo todo feito em lavas,
> recoberto de brasas e de espinhos.
> JORGE DE LIMA

O homem tem guarda-peito
e o cabresto na mão
O cavalo usa peiteira
casco ferrado e bridão

Memória para estribilho
espora de muito brilho
o homem lustra a perneira
e a viola da solidão

A guampa no arção da sela
sobre o jaleco o gibão
o homem tem a porteira
tanta cruz e tanta vela
o sacrifício do ofício
valo valado ladeira
precipício e cachoeira

Um e outro este bagual
(desassossego no facho)
a vocação do pelego
sem barbicacho ou buçal

Liberto da barrigueira
dos arreios dos receios
(muito perto muito perto)
trotando atrás do galpão
e se invernando nos cheiros
desse matagal de guinchos
o cavalo se descobre
na égua da criação

Enquanto trocam relinchos
e bebem da água nobre
o homem cavalga aos gritos
 a mulher da servidão

## PRIMATA

Coberto de areia pálida, irei,
areia de origem e sina,
        acompanhando o meu corpo.

Sou meu subterrâneo.

O vento não me desvia. Só me desfigura
para que eu resulte em duna e maresia.

Cobertos de areia pálida,
        meus pés de unhas recurvas
que afundam quando andam,
        e derrubam troncos,
        e afugentam fontes,
deixam cicatrizes na terra
        e espuma na água.

De tudo
eu estrago um pouco.
Eu não quero.
Mas não posso com o meu corpo.

Despencam sombras na caverna
dum louco.

Meus olhos de vulcão extinto
        distinguem o escuro do escuro.
Coberto de areia pálida,
meu peito tem músculos, arranhões,
sinais de lança ou pedra,
o sangue tantas vezes pisado,
e isto: nenhuma ansiedade inútil.

Sou meu contemporâneo.

Meu coração que não ama ninguém,
porque o amor não é natural,
existe em liberdade como os animais
no campo,
pulsando por sua própria conta,
solitário,
sem desespero ou esperança,
        até desistir e parar.

A água não me lava. Só me leva
para que eu resulte em lama e maresia.

Areia coberta de areia pálida, irei,
origem e sina,
        germinando o meu pesadelo.

# SETE VERSOS

A pretexto do cabresto
meu texto tem subtexto
Conselhos cabem no cesto
no cravo na ferradura
na dura ponta do relho
onde me escrevo e me lavo
(escravo sem escravatura)

## CADÊNCIA

Ninguém amola esta faca
Um dia eu troco de mão
me planto na ferradura
mudo de rosto o buçal
e afino de novo a viola

Eu sei o tranco do gado
(aumenta o meu peso a canga)
Apanho no chão a manga
(cheiro de mato cortado)
Obrigado Obrigado

## SERESTA ORESTIANA

> tanta zombaria
> eu entrava
>   ela saía
> malquerendo na passagem
> meu amor
>   minha poesia
> CONRADO HONÓRIO

Atraías os astros onde pisavas.
Previam o teu rastro e te luziam.
Temperavas as ostras com saliva.
Me salgavas a boca de desgosto.

Plantavas temporais,
      te recolhias.
Procuravas alcovas e enguias.
Pedias anchovas para esquecê-las.
Salpicavas de estrelas
      meus apegos.

Tu molhavas tanto os meus segredos.
Murmuravas nas orelhas
      oferendas.
Me esmagava a guia
      entre as fendas.
Me enganavas com gana de cigana.

Praticavas o pranto com encanto.
Engendravas a paixão sem relutância.
Tu ganhavas do cão
    quando ganias.
Tu secavas os rios
    e rias.
Meus apelos nos teus selos
    consentias.
Desvendavas afagos quando ardias.
Hesitavas no ato
    (cativante).
Ofertavas a concha
    (adormecida).
Estragavas o estro
    (extravagante).
Mas descias da lua
    (compadecida).

Empunhavas só o punho
    (o gesto incerto)
e escorregando as unhas por meu peito
    (distante e perto)
circundavas o punhal
    (te apunhalavas).
Salpicavas de estrelas nossa colcha.
Viravas um vulcão que punha lavas.

Devagar,
devolvias a vulva vulnerada.

Arrancavas o siso com demência.
Transitavas em transe transparente.

E transformavas em torno,
    apaziguada.
E evitavas a chama,
    precavida.
E retomavas o juízo,
    distraída.

## ODE A RICARDO REIS

Trazei-me o azul das flores,
o azul somente, não flores
      do Monte Olimpo.

Trazei-me a alma do mármore,
não as estátuas, a alma
      das mãos de Fídias.

Trazei-me o sonho de Ícaro,
não as asas que morreram
      no Mar Egeu.

Trazei-me a hera esquecida
por Vênus na noite calma,
      brisa de Elêusis.

Trazei-me o gesto anterior
de tudo que seja grego
      e incompreensível.

Eu quero não compreender
este século em que Jove
      é a voz de Marte.

Eu quero não compreender
estes tempos em que Minerva
 é a voz de Baco.

## SERENATA DE CONRADO HONÓRIO

eu cito Deus e todo o mundo
às onze horas da manhã
se perco o trem
      não perco a estrela
      Aldebarã

há vagas para vagamundo
com mochila e febre quartã
se perco o trem
      não perco a rota
      de Amsterdam

eu sinto o orgasmo e o marasmo
das onze horas da manhã
se perco o trem
      abro um Erasmo
      em Roterdam

há quartos para desamantes
de Madagascar a Oran
se perco trem
      afio a lâmina
      do Islã

faço versos como quem reza
entre Bangladesh e Teerã
se perco o trem
      não perco Omar
      Khaian

de tanto caminhar me pesa
Ogun Oxalá Oxolufã
se perco o trem
      não perco a sombra
      da palmeira irmã

toco flautim no botequim
esbanjo banjo e realejo
se perco o trem
      não perco o sonho
      de Canaã

me matem amanhã de manhã
me esperem depois de amanhã
se perco o trem
      não perco o trem
      de Adoniran

## FERNANDO PESSOA REVISITADO

O poeta é costureiro,
Pierre Cardin ou Saint Laurent,
que corta sob medida
as palavras que convêm.

Mas a medida do corpo
não é o corpo quem dá.
Por trás do corpo, os senhores
de nossa vida manejam
as palavras que convêm.

E no desfile de modas,
*Veuve Clicquot* noite a dentro,
ideias de *summer* e *smoking*
na moldura dos cristais,
todos aplaudem, de bêbados,
as palavras que convêm.

Não passo na passarela.
Nunca eu soube o que convém.
O poeta é costureiro
que corta sob medida
lirismo de tafetá.
Mas a medida do corpo,
quando é que o corpo dará?

# ESSENCIALISMO

O gesto.
Um gesto qualquer.
O gesto é essencial.
Agora, por exemplo, eu quero o copo vazio.
Eu quero como se isso fosse
a derradeira verdade a ser vista.

O sentido
de minha vida é o momento
do copo vazio e eu quero alcançá-lo
com a mão.

Mas que adianta
a força de meu querer
se eu não faço o gesto que me define?

Os interiores da alma humana,
o bem, o mal, as verdades eternas,
palavras, nada mais do que palavras.

O gesto.
Apenas o gesto é o homem.
Não importa que eu me sinta o copo vazio.
Ninguém é essencial por dentro.

# OPUS

Eu tenho em mim, no fundo de meu sangue,
velando velhos sonhos e mistérios,

o horizonte, o ódio, a praia, o amor
e a mordaça de que me vinguei.

Rasgando na risada o sal do mangue,
que terra, ou mar, me trairia a boca?

Teu coração na casca e meu punhal.
Serei resina e não me secarei.

O canto que me torce o pensamento
são vozes que passaram pelo Atlântico

e que aqui plantaram ramos de calor.
De noite. A luz da lâmina contra o vento.

*Bella ragazza dalle treccie bionde.*
Deixo na porta o ramo que cortei.

## ENTREVISTA

> O paturi, no alto,
> deixa escapar do bico a piaba,
> que desce no ar como gota
> de mercúrio vivo.
> JOÃO GUIMARÃES ROSA

Escrevo a torto (nem sempre a direito).
Não sou poeta do horto. Nem do eito.
Eu não lamento nada.
Antigamente céu era firmamento.
        Cipó ou cavalo,
        homem ou pó,
        tudo tem nome:
        o meu é Tarrento.

Escrevo à toa:
faço os espinhos: não a coroa.
Entendo de gado e viola.
Mas me comove a mulher (de costas
ou de bruços), com medo de estalidos,
e se possível, por favor, aos soluços,
o pudor nos amassados da colcha
e os cabelos escorridos.

Os nervos de rio de meu corpo só sabem correr.
Não pensam e não esperam nada:
nenhuma sensação desconhecida,
nenhuma réstia que não seja da luz,
nenhum grito que não venha do sangue,
nenhuma insistência de cais e suas amarras,
nenhuma palavra, sequer, nada
a não ser a antevisão do mar,
onde eu desmancharei, um dia, sem deixar memória,
indiferentemente, mais uma existência de rio,
sem outra lembrança senão esta, a de ter sido rio.

Pelo que escrevo (escravo):
faço a cruz: não o cravo.
Mas o que me esfola o peito é a mulher,
e me encanta, mesmo casta,
ou inclemente, iconoclasta disto ou daquilo,
ou calhorda, ou mística,
faltando uma corda,
ou todas,
a xota inconfidente,
holística, entusiasta ou peca,
ou tola,
com o perfume dos confins ou as culpas
de Jocasta,
uma Lola, o olhar de rola,
recompondo a *ola* que a arrasta
por becos e jardins.

Eu sou a natureza entregue a si mesma.
Os versos que voam de mim são arredios
e traiçoeiros, ou suaves, também sujos,
humanos, logo mortais,
como a poeira que o vento suspende sem esforço,
no caminho,
e em seguida devolve ao caminho,
que não sabe o que está acontecendo.

Minhas palavras têm exatamente o sentido da poeira.
Voam por um momento, brilham ao sol,
caem na lenta viagem de volta, desaparecem
e nem eu dou por isso.

Escrevo (trabalho)
solitário e vário. Carvalho sobrevivente,
só escrevo nas horas ocupadas
enquanto ferro um bezerro
ou castro.

Nas vagas, erro (não sonho).
Não vendo mogno.
Fardo. Não lamento nada
    quando pesco uma piaba
    no Rio Pardo.

Um pouco desapareço
com a Mata Atlântica.
Nem por isso enlouqueço
    na viola quântica.

Eu atalho sozinho. Lido. Fumo.
Não morro pelo que poderia ter sido.
Mantenho os estribos e um diário.
Faço o rumo. Não o Calvário.

## SOUL

Eu sofro pelos rios sepultados
na cidade.
Eram rios numa noite.
Eram água ao redor da praça
e sob a lua.
Amanheceram esgotos contra a aurora de chumbo.
Silenciosos,
eles se envolvem em miasma no circuito dos restos.
Estão enterrados na rua.

Eu sofro pelos meus rios
nas galerias frias.
Quase mortos, eles refletem a pestilência
da cidade.
Carregam os ratos da cidade.
Arrastam o visgo de tantos óleos.

Mas condenam a cidade.
Quase mortos,
meus rios condenam os réus anônimos
da cidade.

Pois vingaram-se de meus rios.
Não adianta gritar. Eu grito.
Quase mortos,
meus rios estão enterrados
na cidade.

## PARA BERRANTE E VIOLA DE SETE CORDAS

> Alguém vai cantando, lá longe.
> uma voz dentro d'água, sem
> boca, sem garganta.
> Tem uma luzinha
> passeando e pulando,
> na praia comprida,
> fogo que o vento não
> espalha nem apaga,
> fogo de fundo, que deve ser frio.
> E estão rasgando, na macega clara,
> uma gargalhada fina.
> JOÃO GUIMARÃES ROSA

Na charrete de meu povo
meu lugar é no varal
Tanto faz se me comovo
minha sorte é o carrascal

Tropeço mas sigo adiante
Nada peço no curral

Perdi o tom da catira
na quarta volta do rio
Não importa a corda que eu fira
(o som se despede frio)

Na candura do parente
(dentada e rumor demente)
tanto faz que eu me dane
(rangido e tremor de sisos)
Se me bato sou infame
Se me escondo sou serpente
Penso que não me preciso
(guizos guizos guizos guizos)

Sou branco (manco) alugado
todo de raiva malhado
Tropeiro eu sigo adiante
no sentido do berrante

Ganhei o gosto da ira
na quinta volta da estrada
Sina que me desafina
rimando desgosto e nada.

Penso que não me pertenço
Se me chamam não escuto
Se respondem não pergunto
(todos choram no meu lenço)

Um dia eu monto no couro
e estouro mais de um touro

Me foge o tino do canto
do contracanto ou descante

Tropeço mas sigo adiante
no poente ou no levante

Meu rastro é de casco asco
meu paletó de correia
minha palavra é no freio
lua nova lua cheia

Passa ano entra ano
descabida vida brida
Tropeiro eu sigo adiante
sem chegada só partida

Um dia pego no laço
destranco porta e porteira
Eu faço que me desfaço
e me reviro em poeira

## DALTON

A *Santa Ceia* nos une.
Ao embalo do papel de bala,
    rascante,
estala a mola do sofá da sala.
Falta um botão
    na braguilha exultante
    e impune.

Respeite a noiva, João.
Parece um cântico de Maria.
Desmente-a sob a telha goiva
    o ciciar putânico.

O vento acorda as caspas
    entre as aspas do corno.
Num instante,
causa a barata um fragor titânico
    e desaparece no forno.

Faça figa.
Emoções em rixa.
    A lixa na ferida.
    As marcas da cinta-liga.

João, não espere até amanhã
para ler contos de forma fixa.
Não chore e nem ria
sem antes ler Trevisan
e enredar-se
nos estratagemas de Maria.

Pestanejando as duas gemas,
coa o café no fogão, Maria,
para João. Já escolheu o arroz na pia.
Mas, por minha fé,
sempre olhando de esguelha,
de costeletas e suspensórios,
as meias pretas e o cromo alemão
   (valei-me Nossa Senhora da Penha,
   valei-me sinos da Sé),
a acender o cigarro na lenha
e tateando já as iguarias de Maria,
esta figura de reclame:
   o infame André.

Durma, João, ainda é cedo.
Debate-se no peito o pássaro do medo.

Água no lume. O dia inteiro
escreverei seu nome a batom
no banheiro.
   Como saber o perfume
   dessa rosa de papel crepom?

## BLUES

Ao luar delator
o rio parece o sangue da hora escrava.
Corre para morrer.
Move na terra a luz que a noite lava.

Só o passo infrator
convoca por um instante
esse estardalhaço de galhos e arrepios.

Banzo
(o medo no cio).

Um curiango,
sem roçar as asas no silêncio
e voando adiante,
sempre, eternamente,
mostra o rumo ao andante.

Ao luar delator,
cipó ou serpente.
Reflexos da água no susto.
Seria já o tiro na nuca?

A custo,
corre o negro para a foz.
Corre para o abraço morno e salobro
de Deus: outro algoz.

Banzo.
No mar se apaga o tambor do tempo.
O negro tem saudade para matar.

Banzo.
Para matar. Para matar.

## NA POUSADA

> Fez-se do amigo próximo o distante
> Fez-se da vida uma aventura errante
> De repente, não mais que de repente
> VINICIUS

Meus sentimentos não valem nada:
cabem numa toada.

Meus sentimentos,
anônimos e baldios,
sinto-os todos duma vez
e hoje o inferno me ilumina.

Eu sei. Os diabos não se perdem,
pobres ou remediados,
quando até o vento sopra numa direção
e o espanto das árvores, vergadas na encosta,
não esconde totalmente a visão
da estrela.

Pareço humano.
Eu sei tanto que não me surpreendo nunca.
Mas estou perdido. Não me prendo
e não me chamo.

Meus sentimentos,
disperso-os numa viola.

Falo de desgosto: crueza:
aquilo que cala e esculpe.

Uma vez eu amei na rua, desculpe, Ester,
e ao sair da vala,
o esgoto era uma segunda natureza.

Uma vez eu odiei na rua, com sangue nos olhos,
e acordei desamparado no leito dum rio seco,
retirante de mim mesmo.

Perder o relógio não é perder o tempo.
Quero um sorriso, Ester.
Com talento.

As venezianas são verdes ou cinzentas,
porém o nosso ridículo é a nossa verdade sem transições,
e eu,
no quarto da pousada,
frente ao espelho, com o gesto
de quem rege uma sinfonia de mil berrantes,
ou encanta o povo do alto duma tribuna,
ou púlpito, ou do meio duma arena
ou galpão, eu,
cercado de paredes amarelas ou negras,
amassando esta folha amena, que fiz?
Apenas matei um pernilongo com as mãos

e o sangue apontou-me um olho sujo.

(Aldo Tarrento.
Não me reconheço como tema.
Lavei as mãos antes de prosseguir
o poema).

Enquanto a água ia sumindo entre os dedos,
turva e fugitiva como quase tudo,
eu sabia, sem que isso me doesse muito,
que na rua, por mais que eu tivesse amado ou odiado,
tudo seria não menos que rua
e eu seguiria andando no inferno,
um homem sob os letreiros.

Meus sentimentos, sinto-os todos duma vez,
gasto-os, e de repente esta noite me ilumina
sem crepúsculo,
sem pássaros da tarde antiga,
e sem você, Ester.

# CHICO BUARQUE REVISITADO

minha canção
onde moro e onde brinco
onde a chuva faz ciranda
na varanda de meu zinco

onde a noite chama o dia
e faz um amor de graça
com um lençol por bandeira
e uma alegria de praça

meu violão
onde canto logo existo
onde o passado passeia
e não se toca mais nisto

onde o dia despe a noite
e faz outro amor de graça
com chuva pela varanda
e seu tambor na vidraça

minha canção
onde moro e onde brinco
onde a poesia me espera
e fecha a porta com o trinco

## RANGIDO NO COURO DA SELA

Viajante perdido e sem sorte
da toada fazendo um caminho
desafio o amor e a morte
mas se alguém me falar
desafino a viola
    a verdade
        e o destino

Minha estrada sem rumo e sentido
cansou de me esperar

## SOLO DE FLAUTA DOCE, 1968

> Ler um pouco de Sartre, abrir a boca.
> Riscar num bloco uma bacante feia.
> Ligar o rádio, uma cantora rouca.
> R. R. TORRES FILHO

japona cafona
boné remendado
mochila de lona
óculos de aro de aço
ainda estou no meio
*O apanhador no campo de centeio*
        de barba e sandália
        uns versos no bolso
(todas as horas são de recreio)
        a cara molhada
        de nada
(sorriso de Mona
        ou gargalhada)

não sei
se fico bêbado ou triste
quando você existe

camisa ranzinza
cobrindo a fivela
relógio parado
*blue jeans* esfiapado
estou só na metade
                     *Crítica da razão dialética*
de barba e sandália
colar de fetiche
não há lua diurética (é uma *boutade*)
por trás dos cabelos
um olho de piche

no chão
desenho uma cona
quando você telefona
(a carvão)

caneca de folha
cachecol emprestado
um pouco de bolha
                 no espaço
ir embora de mim
                 passo a passo
(ir) dormir no jardim
morrer depois do jantar
amar quando a flor ressuscitar

de costas para o leste
ler de Camus *A peste*
na escadaria dum cine
abrir entre os joelhos *Norte* de Céline

pulo a corda
o tempo e a vida
que marcha sem concordar
rosa praça amor margarida
é o que tenho para soprar

incenso incenso
              viajo e não penso
eu de mim não disponho
              micropontos de sonho
uma dança de coxo
              um estudo em roxo
vultos a vagar
              sinaleira
luz verde para voltar

# RÉQUIEM

> o samba da vida
> deve ter casca e fruto
> e uma lua de lata
> e uma lua de luto
> CONRADO HONÓRIO

Nesse caixão vai morrendo
o meu amigo ontem morto,
qual flor que hoje se apanhe,
a resistir, arrancada,
pendendo memória d'água,
morta, antiga, e vai morrendo
nesse caixão, meu amigo.

Nada direi que responda
a não ser flores no vaso
e um silêncio de granito.

Nada ouvirei que não seja
o sino, um lenço de cobre
a desnudar o enigma
de que tudo é muito claro.

Perfil de líquida pétala,
nada direi que o mova.
As algas de puro sono,
de onde mortos emergimos,
vestiram o meu amigo
de limbo, paz e origem.

Nada farei que o salve.
Que o salve? Enfim, não farei.

Chorar ao gênio da morte
e aos que dobram como sinos,
nos bancos do jardim público,
o caule fino da vida,
tão ao alcance das mãos
nas quatro alças do frio.

Nada direi que se ouça.

Gritar ao gênio da morte:
por Deus, não pise na grama,
deixe no ar o perfume,
os olhos ao sol, ao vento,
e intocada a memória
da terra que é sopro e sangue.

O meu amigo se apaga,
vestido de luzes murchas.
Que direi? Não direi nada.
Balada de flor e homem,

ela na água, ele em flor,
nesse caixão vão morrendo,
a resistir, arrancados,
dobrando o vaso a finados,
mortos, mortos, mortos, mortos.

## NO CADERNO DE RICARDO REIS

Mulher,
fiquemos os dois,
juntos, diante da janela.
A manhã acaba de entrar.
Estamos juntos. Existe a janela.
Não será necessário que pensemos
ou falemos.
                Os deuses antigos
                velam por nós.

Pois,
para que outro motivo
inventamos os deuses?
O sol ainda está indeciso
como a verdade dos homens.
Mas o sol, mesmo na infância,
invade sossegadamente a janela.
                E a verdade morre
                hoje ou amanhã.

## QUADRA

Me dê a mantilha, eu guardo.
Me dê a cartilha, eu conto.
Me dê a lentilha, eu como.
Me dê a virilha, eu monto.

## SOLO DE SERROTE

Não sou Quixote, alegoria, ou Sancho.
Escolho a cancha onde se porfia.
Eu sou serrote que se curva ao canto
e tanto se desmancha e se desfia.

Saia de casa por detrás da trilha.
Me dê a cuia que eu te dou a bombilha.
Não traga nada. Não carregue nada.
Não olhe para trás e tudo some.

Não tenha medo da coruja insone.
Venha vestida para a noite fria.
Tenha cuidados de quem porta bilha
e os sussurros de quem embala a cria.

Não se apavore pela sombra adunca
(nunca se sabe o que inventa a lua),
Que o amor se espalhe, ancho, no pelego.
Nada de fuga. Eu sou garupa e poncho.

Eu sou serrote que se curva ao canto.
Não quero os dons de Dom Quixote ou Sancho.
Deixe que o vento te suspenda a saia
e que Tarrento te derrube e caia.

## RASCUNHO DE RICARDO REIS

Creio em Zeus
que não multiplicou os pães ou os peixes
e jamais se alegrou com os feixes de trigo
(nada faltava aos banquetes do Olimpo).

Acredito na ceia pelo toalhado limpo.

Creio em Zeus.
Ele teve amantes sem culpa ou teologia
(as verdades eram saturnais
    e pulsavam
     na democracia).

Creio em Zeus. Ele criou Fídias.

(Pó e fragmento no colo,
olhar de estrangeiro, ou inimigo,
ciumento, cauto,
Fídias cava um umbigo de basalto,
agora, enquanto as deusas se vestem
     de sexo e linho).

Esparta ou Porto.
Corinto. Ou o Minho.

Creio em Zeus. Ele jamais extraiu vinho
derramando as ânforas
              do beber cotidiano
(as águas eram lustrais
              como os raios
              de Vulcano).

Creio em Zeus. Mortalha do tempo.
Ele não salvou a humanidade.
Antes, com ou sem alarde,
              matou-a um pouco
              em cada batalha.

Cedo da noite, e não tarde,
senhor da loucura e dos fados,
criou Homero, e o fez aedo,
rochedo de palavras num mar de sangue,
e cego, e desconhecida a face,
para que jamais a visão o atormentasse
              e não o desfigurassem as fúrias
na escultura
              dos corpos decepados.

# DIAS GOMES

> O meu nascimento me acordou,
> a minha morte me adormecerá.
> Tu levas um cadáver
> para onde, amigo?
> JORGE DE LIMA

Viu pela última vez uma ópera.
Era *Madame Butterfly*
        de Puccini.
Mínima a espera na hora áspera, fria,
        jantou pela última vez
        com a mulher.
(Na retina, a escada de pedra,
as mesas, as fotografias pelas paredes,
a toalha adamascada da cantina,
o conforto do forno, ou da lã).

De madrugada
as casas ainda são noturnas
embora o vento arremesse em torno
        os prenúncios da manhã.
Um gesto qualquer
        e afastou o nada.

Ao olhar a objetiva
o mundo olhou-o de volta
          pela última vez.
Confiou num guia.
(Os ventos sibilavam avisos e preságios.
          Onde o oráculo para decifrá-los)?

Pela última vez
          confiou num guia.
(O povo brasileiro
tem a mística, a crença,
a ideologia, a política, a religião
          da confiança,
ainda que dos anéis da víbora
se faça uma aliança).

Confiou no guia
sem pressentir Caronte, o Barqueiro,
de óculos sombrios
          e banho no Aqueronte.
Não era São Paulo.
          Era o Estige
          (o tempo inteiro).
Teria uma dracma para a travessia?

Trazia enredos,
risos, sustos, arremedos,
custos, sisos, gritos, medos,
ajustadas todas as peças
do absurdo e da magia.

Sempre foi isto um escritor,
nada mais do que isto,
sempre,
                um pagador de promessas.
Teria uma dracma?

Lançado pela primeira vez longe do drama,
atirado para fora de si mesmo,
fechou as mãos sobre os cravos
(julgou ter visto um monge
                com o capuz da noite),
e para sempre,
                enquanto se apagava a vela,
simplesmente,
                carregou-o a cruz
                para que distante cela?

## MODA

Gosto de Joyce. Rima com foice.
E de Flaubert. Não é uma espingarda?
Adoro Machado. Tão perfeito.
Tão afiado e fino.
Aprecio violão rachado:
tudo o que cante um hino
          e arda
            no peito.

## DOIS DESENHOS BORDADOS NO AVESSO DO PONCHO

-I-

Sou meu nome e meu cavalo.
Não resvalo no caminho.
Respeito moinho bento
e Luiz de Góngora y Argote.
Toco viola de peito
mas tenho mão de chicote.
Dedilho as cordas ao vento.
Não me abalo. Sou Tarrento.


-II-

Mulher,
onde você está?

                    Estou morrendo
                    e não demoro.

Antes,
passe no bar
e me traga os cigarros.

El coloso

# A LIRA DE MALAVOLTA CASADEI
—

## BILHETE AO EDITOR

Basta dizer que a brutalidade que está aqui já foi noticiada em jornais: a punição da natureza (em ambos os sentidos), a morte de Felipe Caffé e Liana Friedenbach pela sanha dum psicopata, os pequenos ardis, as safadezas impunes, o lado escuro da lua, os sentimentos confusos.

O homem moderno é o homem estarrecido.

Qual a pergunta?

Talvez se encontre alguma resposta nos dentes e no nazi-canibalismo de Armin Meiwes, um ariano de Rotenburg, Alemanha.

Proclamou do púlpito frei Eusébio do Amor Perfeito: "As aberrações comprovam que para a natureza nada é impossível."

SÃO PAULO, 2012/2020
MC

Disparate cruel

A
Ana Malavolta Casadei
e Hermes Basílio Casadei

*O estilo é o homem. Mas por que
demonstrá-lo pelos intestinos?*
ORSO CREMONESI

*Não tenho nada inteligente a dizer
hoje. Perdoai.*
BRADFORD WILLIAMS
(Essays, III, Collins, London, 2002)

*O arrependimento apenas comprova
a imperícia do pecador.*
FREI EUSÉBIO DO AMOR PERFEITO
(Sermões, II, Nova Aguilar, Rio de Janeiro, 1993)

Disparate de miedo

**Prêmio Paulo Mendes Campos**
**(poesia inédita)**
**UBE-Rio**
**2005**

## LADAINHA

Por que a filosofia
se temos a publicidade.

Por que a metafísica
se nos atrai a metempsicose.

Por que o horizonte
se nos devora a regressão.

Por que a política
se nascemos para a demagogia.

Por que a ética
se nos diverte a política.

Por que a estética
enquanto jogamos na Bolsa.

Por que a lógica
se nos basta a bruxaria.

Por que a moral.
Por falar nisso. Por que a moral.

Por que o compromisso. A palavra.
O fio de prumo. A hesitação do gesto
se nos completa o esgar inclemente:
o embriagado rumo: o olho funesto.

Por que a literatura.
Basta a alta-costura. Ficção
com a nua armadura do cio.

Por que a música.
Melhor nos serve o grito
(jamais lírico ou com brio).
Um estertor. Uma agonia.

Exame de consciência. Ou *tour*.
Por que ir ao Louvre
se já fomos ao Carrefour.

Por que a esperança.
A esperança putrefata e santa.
Dançaremos *rock* na sua campa.

Por que o epitáfio
se nada merecemos além da errata.

## CRÔNICA DE POBRES AMANTES

Ela não veio
por minha bengala de cedro indiano.
Mas sentiu com o rosto, um gesto imposto
e insano, o frio do galgo de prata
no castão.

Não veio por meus livros.
Jamais a atraiu o estilo espartano.
Gostou de minha barba alvíssima. Do relógio no colete.
Talvez de minha natureza arcaica. Da mão ossuda
e lívida.
Mas não veio por isso.
Não falemos de fascínio ou sedução.

Ela não veio
pelos óculos bifocais. Muito menos a cabeça grisalha.
Ou os quadros. Os tapetes. Os cristais. O zelo persa.
Não veio pelo licor de anis ou o perfil de Pirandello.
Ou o porto. Ou o espelho múltiplo do verniz
fracionando o mármore.
Mal tocou no Merlot. Pelo vão do vestido a perna,
os pés nus, as unhas cor de sangue, o joanete,
ela ergueu com despudor a gravata, apertou-a num afago
(de seda)

e beijou a pérola no alfinete.

Ela não veio
pelo olhar de navalha, ou por meus dedos,
apesar do anel de grau, e mesmo o teclado,
ainda que Karl R. Andrae o piano, de Hamburgo,
e plena a sonoridade da culpa
(ancestral).

Ela não veio
por minha biblioteca
(atordoou-a o escritório).
Como decifrar o mistério das lombadas?
Aos arrancos soletrou *Conrado Honório*.
Desprezou Balzac. Temeu *O corvo*.
Só chegou a folhear *Lady Chatterley's Lover*
(talvez entendesse de jardinagem).

Acompanhou na lareira a história das cinzas.
Mas não veio por isso.
No quintal, entre as árvores, um vento irresoluto.
Mas não veio por isso.
O cio da tarde não cabia em crônica.
Mas não veio por isso.

Não se exige do vazio que seja também profundo.

Dívidas.
Dividas. Cilada
           (a fraude canônica).

Tinha letras a resgatar
                (a amada).
E um cheque sem mundo.
Vestindo sorriso
                e calcinha preta,
                ficou para jantar.

## OSWALDIANA

Morreu
nos jardins
do Castelo de Versalhes
o carvalho onde desenhei a canivete
um rim.
Bronco, chorando orvalho,
          deixei escrito no tronco:
          Oswald e Marie Antoinette
          d'Alkmin.

Choraria Robespierre?
Que se ferre.

O carvalho
nos jardins de Versalhes
tolerou Luís XVI. Danton. O Brumário.
O incêndio de Moscou. Waterloo. A Gestapo.
Suportou Pio XII. Leni Riefenstahl.
O Concorde. Stalin. O *Napalm*.
Beatles. Aids. *American Way*.
*World Trash*. Sissi.
Até travestis do Brasil no Bois.
Vichy. Hulot. Satie.
Emma Bovary. E o seu marido.

Sucumbiu ao calor francês de 2003.

À sua sombra
uma mulher provou brioche e *escargot*.
Outra leu Ponte Grande Serafim.
Decoraram textos Bardot e Binoche.
Também Antonin Artaud.

Nos jardins
do Castelo de Versalhes
perdeu a cabeça por mim
             Marie Antoinette
             d'Alkmin.

# ANTÍTESE

A verdade existe
mas não tem vértebra.
Na quebra da promessa,
        ou da arqueologia,
        só a mentira recompõe
        os seus ossos.

A mentira não morre.
        Apenas se desvenda.
Corre o risco de parecer diplomacia.
        Dura o que dura a sua lógica
e oculta-se na comenda.

A verdade não desaparece.
        Apenas se alucina.
Corre o risco de desnudar a realidade.
        Dura o que dura a sua alegoria
e guarda-se para a revenda.

Mentiras.
Algumas se assemelham à verdade
        (sem vértebra).
Na quebra do engano,
        ou da idolatria,

        só a verdade recompõe
        os seus ossos.

Inutilmente.

A mentira opera milagres.
Que verdade sobrevive a milagres?
Amamos a mentira
        de que somos feitos.
A verdade é a morte.
        Por isso a adiamos.

# VINHO

Numa adega
de Estrasburgo, nos porões
dum velho hospital, o Hospice Civils,
vive um vinho branco da Alsácia,
desde o século XV.
Conserva-o um barril de carvalho
(selado e seco).

Numa adega
de Estrasburgo, nos porões
dum velho hospital, o Hospice Civils,
vive um barril de carvalho, da Alsácia,
desde o século XV.
Conserva-o uma resina dos vinhedos,
do leste francês,
áspera e ensolarada, um pouco de sangue
na água ambarina
do tempo.

## OS PÁSSAROS

**Traídos**

Liberdade. Asfixia.
Os pássaros fugiram
para a aragem envenenada
(tardia).

**Cegos**

Cantar para o deserto sepulto
e o negro vento.
Contemplar (de memória)
o espelho da noite.
Depois,
nada e imenso,
o canto oculto em si mesmo,
sondar de leve o escuro
e o seu fundo (puro
e espesso).

**Urbanos**

Os pássaros
já não cantam. Eles gritam.
Atormenta-os

um coro de estridências.
Motores. Buzinas. *Rock* de esquina.
Mais alto. Abanam as asas. Desafinam.
Declarações de amor,
só uma oitava acima
do clamor (humano).

**Presos**

Um casal
de flautins australianos
tocando com as asas
o pentagrama de arame.

**Atropelados**

Eu estava na janela.
Os pardais
foram atropelados
numa urbana e remota primavera.

Era manhã
de fuligem e óleo na rua.
Penugem. Vida. Coreografia.
Os pássaros teciam espirais no ar.
Perseguiam-se sem culpa
nem cuidado.

Mas as rodas vieram
(exatas de velocidade e peso).

Um pardal escapou. Tentou reanimar o morto.
Voou sozinho.
Ao redor, e a esmo,
também sobrevivia a primavera.

## TEOLOGIA MÍNIMA

-I-

Deus
criou a esperança
                e sua lápide.

-II-

Judeus.
Judeus. Judeus.
Hitler já está em chamas?
Judeus.
Nada convence os mortos
                na lista de Deus.

-III-

A dúvida arde.
Deus criou todas as aberrações.
Depois descansou
                e levantou-se tarde.
Como isso foi possível?
                Divindade.

-IV-

Deus
soprando o barro e o oco
criou o barroco.
Dispersou-o no mundo tonto.
Lançou-o à incúria dos tolos
e afinou a fúria dos loucos.

-V-

Aprender
(não com Deus mas com poucos)
na biblioteca ou na roda de mate
(mínima ou nenhuma a teologia)
que estão num único ponto
          o nó e o seu desate.

-VI-

Oremos.
Púrpuras e úlceras.
Oremos.
Orgia e culpa.
Oremos.
Ossos e heresia.
Oremos.
Holocausto e fausto.
Oremos.

-VII-

Deus
criou o sinal da cruz
               e as cicatrizes.
Criou
a fé e a fome.
A bússola e o abismo.
O semáforo e a injúria.

Deus
criou o pecado e a penitência
               (e confundiu-os).

Deus
criou a mulher
               e a mulher.

## ELOGIO DA SOMBRA

Um desvario
me garante que encontrarei Deus
além da tempestade, nas dunas perversas do Saara,
bem ao lado duma cisterna seca,
numa tenda com pão ázimo
    e água de camelo.

A pé,
a mochila às costas,
agora a angústia do último rio
e do último selo,
como ocultar no rosto o fulgor de Damasco
    ou da Rota 66?

Encontrarei Deus num oásis soterrado.

À noite,
no deserto, a aragem toca cítara.
Esbarro em presbíteros e abades.
Até em profetas da Texaco.
Apenas mentira.
    Miragem.

Assaltantes e cardeais
me convidam para a ceia dos justos.
Flutua o azevinho no pote do azedo vinho.
Canhoto, faço o sinal da cruz
                diante do ignoto.

No fogo do sacrifício queima-se o senso.
Seria milagre a forma humana dos abutres?

No escuro
adejam togas e mantos.
Brilham garras. Báculos. Tiaras de espinho...

...enquanto, vermes vivos,
fotógrafos e cinegrafistas medem os ângulos da miragem,
pregadores a legendam no ar, atores lhe acrescentam sustos,
arcebispos a desmentem com cânones e ementas,
acólitos a incensam,
poetas a cobrem de encanto,
mercadores a escondem no engodo,
                videntes, nas remiragens,
e as santas do lupanar abençoam os custos.

Eu me ajoelho sobre a minha sombra.
Ao redor,
                o lodo.

## RECADO

Existe
sexo seguro.
Amor seguro
não.

Amor pela humanidade?
Só o sexo é grupal.

A ilusão se cria:
amor e sexo se encontram no infinito
(ainda que não deixe pegadas
a geometria).

Pasárgada existe.
O infinito não.

Demora-se, mas,
chega-se a isto:
amor é corpo,
e o sexo, espírito.

Sexo é tempo. O amor, a sua perda.
Sexo é espaço. O amor, a sua invasão.
Sexo é história. O amor, a sua fraude.

Sexo é selvageria. O amor, esmorecimento.
Sexo é memória. O amor, imaginação.

Ouçam,
estultos e fariseus.
O sexo é o demônio possuído pelo demoníaco.
O amor é o demônio possuído por Deus.

## O PEIXE

Não suporto
olhar por muito tempo
no aquário o peixe sonâmbulo
e solitário.
Assemelha-se a um homem
a contemplar por dentro a sua pele
de vidro: detento a desfazer-se no imaginário
da grade e a mover-se imóvel
               na água do alimento.

Cintilante para os outros,
nada entre espectros e fugas adiadas.
Essencialmente inútil, nada.
Nada.

Escreveu Orso:
"O homem é um infinito fechado."
Imagino Aldo Tarrento
espatifando o aquário com o machado.
               "Maldito ornamento."

## PARA LER ESTE POEMA

Para ler este poema
em voz alta (rouca ou dissonante),
deixe o prelúdio ao arco dum violoncelo
                (do grave ao agudo lancinante).
Depois,
quaternário e lento,
siga até Auschwitz. Rascante.
Não só o vento passa pelo arame farpado.
Também o desespero humano. Também
                a agonia da fumaça negra
                no telhado. Dante sem Virgílio
                no purgatório (crematório).
Também um coro de vozes ensanguentadas
                (inútil oratório).

## O INVERNO DE NOSSA DESESPERANÇA

Escrevi
cartas obscenas.
Nada que ela não quisesse receber
de meu corpo ou meu poema.
Agora o amor,
morto e insepulto,
ainda rumoreja na vidraça e ergue as telhas.
Assombra os cantos. As lembranças.
Parece chuva. Desatento vento. Ou as centelhas
do desafeto.
Apenas alegria esquecida (fria como um feto).
*O inverno de nossa desesperança.*

Figuras amarelas.
Nada mais do que a memória do tempo morto
a exigir de volta o seu vazio e desamparado enigma.
As quatro velas. O amor posto em letargo.
Não o salva nenhuma alegria.
Ao terceiro dia
ressurgirá em ódio
e fardo.

# IDÍLIO SENIL

Não é o homem uma lentilha branda
a dispensar temperos e outras custas.

Passam mulheres como passa a banda.
Algumas prontas. Tantas transformandas.

Suspiram execrandas. Tu me assustas.
Chapéus de véu. Urtigas mascarandas.

Umas de luto. Outras devolutas.
Atrás do leque, todas concordandas.

Refluem sedas. Aura formidanda.
Mercedes. Carolina. Elvira. Amanda.

Algumas tontas. Muitas miserandas.
Cantigas de Luanda ou alamanda.

Passam mulheres. E por onde andam
eriçam a pelugem da ciranda.

Apoio o queixo na bengala injusta.
Foram-se os tempos da braguilha panda.

# INSANIDADE

-I-

Ver
na escuridão
uma luz invisível.
E no poema
a poesia recusada (finda).
Ver ainda na ferida a tatuagem do acaso
e na viagem
uma viagem. Uma viagem.

-II-

Ver
no amor morto
a oculta centelha
            (entre as cinzas
               a esperança é vermelha).

-III-

Ver na lua a lua escondida
            (indecifrada e crua).
Ver

nos escombros
os ombros intactos
           (embora faltem braços
           e laços).

-IV-

Mergulhar a mão no lago
e afugentar a sombra imensa
de Iago.
Ver na ofensa um descuido da lança
ou o afago dos cactos.
Fechar o livro. Abrir a vida.
           Apenas crença.

## AS QUARESMEIRAS

As quaresmeiras de minha cidade
estão morrendo nas calçadas e nas praças.
Molham-se na garoa ácida
(e estão morrendo).
Sentem no ar a emboscada dos gases
(e estão morrendo).

Que água faz espelhos de graxa e cheiros
no asfalto solto?
Como reconhecer-se no esgoto
               ou no gosto dos lixeiros?
          Mãos de serra, no meio da copa
          e do espanto,
          abrem caminho para os fios.
          Estão morrendo
          as quaresmeiras de minha cidade.

Púrpuras,
acariciantes e resignadas como o limbo ou o nada,
mortuárias e fora do tempo,
espalham-se na *falsa florada*.

As quaresmeiras
*sabem que estão morrendo.*

Por isso,
apenas por isso,
oferecem nas calçadas e nas praças
uma florada a mais, ao ano,
para adiar a morte
                (um adeus urbano).
Avisam. Estamos morrendo.
E gerando as sementes do socorro,
                vestem a cidade de roxo.

As quaresmeiras
criam uma primavera para o seu enterro.

## PONTO CRÍTICO

Fio
descoberto. Hoje
o sentido e a palavra
ocupam mesas separadas.
Lavram a mesma página árida
a céu aberto.

Rio
condutor do gosto
e seus dejetos.
           Nenhuma esperança
           no sol posto
           (calafrio).

Cio
degradado.
O sentido atrás e a palavra adiante
(ou talvez o contrário).
Não escreverei jamais
           no mostruário
           ou no engradado
   o verso
           bio
           degradante.

Tormento.
Hoje o amor, não o sexo,
            dispensa juramento.

Creia.
Não estou surdo
            ao desencanto da sereia.

## VISITA

Estou
onde quero estar.
Estou em Santana Velha
e saio da Catedral para a manhã clara.
O único lugar onde existe Deus é nesta capela.
Desço a escadaria.
Escolho o chão para a bengala e a geometria.
Absolveremos Deus no Juízo Final?
Escaparemos da cela?
Saibam,
teólogos e plebeus
(de bandana ou escapulário).
A mesma dúvida (*lúcida e insana*)
levou ao suicídio Antero de Quental.

Quero visitar os meus pais.
O dia inteiro.
O cemitério parece um jardim. Antigamente
a cidade terminava junto aos mortos. Vejo ao longe
os salgueiros e os portões de ferro.
Começo a andar.
Os sinos reverberam, mas não tocam.
                      Apenas por isso me atordoam.

A rua é um rio de pedra
com toldos de silêncio na calçada.
Abre o infinito uma sombra calma sobre a campa.
Eu poderia ter trazido um vaso de planta.
Trouxe um verso de Camões
e o deixo no granito:
        "Aparelhada a alma para a morte."

Pai, estou queimado de sol,
mas li quase todo o Platão.
Aqui fora, mãe,
        faz um céu azul-bemol.

# LIANA FRIEDENBACH

-I-

Meu semelhante
matou Abel e teria sacrificado Isaac
se o carneiro não bastasse.
Meu semelhante anunciou:
"Vende-se um semelhante."

Meu semelhante
edificou no mundo uma arquitetura
de ossos humanos. E compôs para a história
um coral de dores e silêncios.

Meu semelhante é assaltante. Traficante. Terrorista.
Acionista. Minimalista.
Meu semelhante
trucidou seis milhões de semelhantes
em Terzin, Belzec, Auschwitz...

Meu semelhante é o fazendeiro que no Brasil,
século XIX, mantinha fornos para assar negros vivos.
Meu semelhante é Joseph Paul Goebbels
(faltou propaganda a Biafra e a Uganda).

Meu semelhante é o bandeirante.
        Bravo.
        Desbravador.
        Carrasco.
        Cheirando a pólvora e a couro.
        A alho. A sebo. A ouro.
Meu semelhante é ladrão. Falho. Vadio. Roedor.
Meu semelhante
        desmata.

-II-

Um casal.
Apenas um jovem casal.
Meu semelhante, com uma bala na nuca,
fez tombar Felipe Caffé.
Esfaqueou Liana Friendebach até a morte.


(Deixemos
Para um poema não escrito
as abominações do medo
vagarosamente convertido em pavor).

-III-

No escuro,
e por um momento, olho-me ao espelho.
Não quebro o espelho e acendo a chama.
*Quebro a semelhança com um soco rotundo.*

MAFRA CARBONIERI

Estilhaço a *semelhança* e a faço em fragmentos
no assoalho (imundo).
Espalho
com o passo raivoso das botas
                os cacos e a lama.

# ESFORÇO DE GUERRA

-I-

General.
Informo secretamente.
Prahlad Jani, guru indiano de oitenta anos,
acaba de deixar o Hospital Central de Ahnadabad
após um jejum não interrompido de dez dias.

Prahlad Jani,
na postura de lótus,
permaneceu numa sala fechada,
sempre, e monitorado por um sistema
de câmeras de alta precisão.
Apesar disso,
por turnos, os médicos
ainda o mantiveram sob vigilância constante.

Prahlad Jani não se serviu de nenhum alimento,
sólido ou líquido. Não foi ao banheiro.

O neurologista Sudhir Shah,
após o teste, registrou: "Prahlad Jani
apresentou evidências de ter produzido urina,

que foi reabsorvida pelas paredes de sua bexiga."
O comitê médico concordou que "não urinar e não defecar
é um fenômeno chocante."

-II-

Pralahd Jani
vive em cavernas de Punjab,
no Himalaia, não longe do Paquistão Oriental.
O ermitão
sente as reverberações
dos desertos ao redor de Jaipur, diz ele, e os sons
da harmonia cósmica.

Não come e não bebe há setenta anos, desde que,
menino, foi tocado pela graça da divindade Ambaji.
Isso aconteceu, ele diz em transe,
no encontro das águas sagradas do Ganges
e do Yumuna, durante a cerimônia
de Kumbh Mela.

Veste-se
com um sari vermelho,
usa brinco no nariz e flores na cabeça,
além de colares e pulseiras rituais. Uma vez,
o guru falou ao povo na represa de Andbra Pradesh:
"A fome é uma incontinência dos descrentes."

Prahlad Jani, em 1969,

acompanhou Swani Satchidananda
a Woodstock.
Foi o primeiro a perceber no *rock*
um método de meditação. O brinco vibrando
no nariz, em torno a contorção plena do mundo
pelas cordas de Hendrix (a música dos deuses primitivos),
o guru aspirou do universo o orgasmo nutriz.
Sem sair do tatame,
abençoando *The Who* e a horda,
proclamou:
         "O homem é o lodo do homem."

-III-

Urgente.
Médicos afegãos
burlaram ontem a barreira.
Estiveram pela manhã no Hospital Central
de Ahnadabad
e fotografaram laudos e exames clínicos.
Acham que podem descobrir o segredo
de Prahlad Jani
em benefício de seu exército.
Visam aumentar
      a resistência dos soldados
      à fome.

-IV-

General.

Secretamente.
Prahlad Jani voltou às cavernas
de Punjab. Depressa.
Não faremos do tempo um inimigo.
A diminuição no custo do suprimento
aliviará de muito
      o esforço de guerra.

## *CUT PIECE*

Entro
no Le Ranelagh de Paris
e me sento perto do palco.
Yoko Ono,
com setenta anos,
reedita a cerimônia de 1964,
*Cut Piece*.

Cada espectador
aproxima-se da artista, reverentemente,
e com uma tesoura
corta um pedaço de seu vestido
                      até desnudá-la.

Uma pessoa amada, depois,
receberá o retalho e seu signo de paz.
Assegura-se com trapos
                      a concórdia entre os homens.

Yoko
me oferece a tesoura.
Recuso com polidez recurva e oriental.
Setenta anos?
Deus conserve o seu vestido,

Yoko.
# O EMIGRANTE

Não respire.
Este ar não mais lhe pertence.
Não toque o rosto nesta fonte
              (não é a mesma água de ontem).

Não morra.
Você não tem onde cair morto.
Não se esconda.
Você não tem de onde sair torto.
Não cante no cais da espera.
Os que ficam estão surdos
              (como o mármore e a hera).

Não pise no chão.
Cada passo é uma invasão de limites.
Seus mortos são da terra.
              Não são seus. Adeus.

# A PESTE

Terzin,
Belzec, Auschwitz,
Gliwce, Majdanck, Sobibor,
Bergen-Belzen, Izbica, Gross-Rosen,
Treblinka,
Lodz, Dachau, Babi-Yar,
Buchenwald, Stutthof, Rosenburg,
Piaski, Ravensbruck, Rassiku, Mauthausen,
Dora.
Neuengamme, Chelmno,
Sachsenhausen,
Riga,
Nonowice
e
Trostinec.

## ARMIN MEIWES

Parece
um oficial da Waffen SS.
Tem os olhos farpados
e antena nos poros. Mãos
de estrangular pastor (o cão). Peito para a Cruz de Ferro.
Segue-o pelas ruas de Rotenburg, Alemanha,
um cheiro de curtume e gás.
A névoa,
cercando a floresta,
esconde as lendas e os ossos empilhados.
Nele, virtude da sanha,
a surdez mística é um dom dos gritos
e do coral wagneriano.
Seu campo do extermínio é o computador.
*Sirvo-me de carne humana.*
*Busco homens para retalhá-los e devorá-los.*

Os lábios finos de Armin Meiwes enganam.
Quando se abrem, à espera,
num sorriso que o olhar não acompanha,
mostram os dentes limados, uma fresta,
e o hálito de que nauseante fera?

Civil e ariano,
Armin Meiwes abateu um homem
e consumiu vinte quilos de sua carne
(não era cigano nem judeu).

Agora
ele escreve a história
na prisão de Kassel, Hesse.
Para um filme. Ou uma peça.
               Talvez uma ópera-*rock*
               Título: SS.

# ALGUMA POESIA

Saber-se
quase extinto como um urso panda.
Tinto como o vinho
        ou o susto derramado
        - ora recomposto em manchas
        no rosto (ou na toalha).
A custo,
contra a lua e rendas de Holanda,
ou palha,
        ver as mulheres:
        ver as mulheres lindas e findas.
Depois,
        entre os lençóis,
        o sexo genuflexo e pulha,
        orar diante das estrias e das rugas.
Na ventania,
não confundir as alianças turvas
do olhar: umas da nostalgia: outras da poalha.
Sentir apesar de tudo, ainda,
a semelhança
        com alguma poesia.

# NUDEZ

A nudez
é a demagogia do belo
ou o ressentimento do feio.

Nudez é ultraje
(ou receio).

Na praia deserta,
quando o amarelo se avermelha
              (junto ao crepúsculo)
e sobre o ponto negro e nu dum corpo
              (alarve ou alerta),
nada difere o belo do feio.

O belo
(como a centelha)
não vai além da visão súbita
e pouca.

A sabedoria do feio
              é nada indagar ao espelho.
A sabedoria do velho
              é não tirar a roupa.

# IMPROVISO

-I-

Onde caiba
este inútil e raso pensamento:
nenhuma folha leva das árvores o vento
sem que Deus saiba (ou faça caso).

Oremos.
Deus não desconhece o desmatamento.

-II-

A tinta
corrige o desenho tosco
por onde pinta.
Não o disfarça.
Apenas desperta o brilho no fosco
(ou na farsa).

-III-

Não viveu
quem não escreveu um filho,
        não teve uma árvore
        e não plantou um livro.

-IV-

Tresloucada
inteligência e sua cena,
abro o compêndio
e desmonto as espinhas do poema.
Separo escamas, cartilagens, entranhas.
Não encontro nada.
Não há escada de incêndio
              nem saída de emergência.

-V-

Sina.
Omisso e inquietante destino.
Só com a morte temos compromisso.
Aqui o poema termina.
Aqui e não adiante.

## SEISCENTAS PÁGINAS

Orso
Cremonesi
me aconselha a rimar
página e vagina.
Até ele se espelha
no pavor da vagina em branco.

Amasso a vagina
sobre o banco do jardim
e em desespero a abandono no gramado.
Outras a acompanham (em romaria).
Chão de aromas. Santos óleos.
Alguém, tão distraído, pisaria?

Na vidraça
do quarto (muito frio)
o sol se põe atrás da página.
Saio com a página pela casa.
Enquanto escrevo
a casa está deserta (e o mundo).
Sendo a memória um rio
a página me desperta para o silêncio
(e o seu vazio).

A noite
me encontra de joelhos
devorando a página. Passo
na página a minha tinta (seca).
Uma saliva insone. O suor da mão.
O meu sangue dos outros.
Linhas negras
entranham-se em minha febre
(e crespas). Sonho
com uma boca abissal e oca.

Demente...
Vou com a página para a cama.
Ilusão dizer que rompi página.
Na natureza nada se rompe,
tudo se cala e se desmente.

Acabo de escrever
um romance de seiscentas vaginas.

## FLASHPOEMS

> e quase não tocado pelo verso.
> BORGES

-I-

Guimarães Rosa
arquivava de cabeça para baixo
as críticas raivosas.
> Como arquivaria
> as críticas sem cabeça?
> Esqueça.

-II-

Disse
Orso Cremonesi
na Catedral da Sé: "O último a sair,
mantenha a luz apagada.
E a fé."

-III-

Pregou
frei Eusébio do Amor Perfeito
sob o domo da abadia: "*Memento homo*.
Não há pecado que resista a um banho de bacia.

Por isso
as absolvições
      são de assento
      e picardia."

-IV-

Um romance:
      *Eu rezo.*
      *Eu converso com Deus.*
      *Conversar com Deus*
      *é a melhor maneira*
      *de falar sozinho.*
Outro romance:
      *Nada mais desumano*
      *do que o sexo como despedida.*
Um conto:
      *A morte, dentro da casa,*
      *desnudava o cadáver das coisas.*
Um poema:
      *A vida me foi dada de presente*
      ........................
      *na loja em que a venderam erraram o*
*número.*
      *Preciso ir lá, um dia, e devolver.*
Outro poema:
      *Pardo.*
      *Eu escrevo pardo.*
      *Pardo poema. Pardo de perdões*
      *e perdas.*

Tudo
com sangue. Ossos. Nervos.
E quase não tocado pela crítica.

## NOTAS PARA UM POEMA PARDO

A R. Roldan-Roldan

Pardo.
Eu escrevo pardo.
Pardo poema. Pardo de perdões
e perdas. O pardo das *Locas* em sua vigília
pele *Plaza de Mayo* (a ronda parda das anistias).
O pardo de Lorca na terra parda
de sangue. O pardo das paredes.
Das dinastias. Das cercas farpadas e dos altos muros.

Pardo.
Eu penso pardo.
Pardo de deserto e espanto.
Pardo de Miguel em Lepanto.
O pardo da plantação de fuzis pelo mundo.

Pardo.
Eu canto pardo.
Querem escavar os ossos pardos de Lorca.
Limpá-los do pardo poema. Metrificá-los
num museu de anatomia. Afastá-los do silêncio
e do *oscuro*. Depois encerrá-los na arca da monarquia
(ou num convento).

Um pardo memorial. Um monumento pardo.
Um guia pardo. Pardos visitantes.
Mais o dinheiro pardo de quem nunca leu
Federico Garcia.

Tardos,
querem regar a poesia
com a água da profanação.

Pardo.
Eu grito pardo.
O pardo da traição e das danações.

*Hijos de una gran puta.*

## *EVANGELISTS ARE FIVE*

Evangelists are five:
Matthew, Mark, Luke, John and Mel.
The Gospel according to Mel
already collected only in the first week
thirty million followers.
Sixty million in the first month.
Therefore the collection will arrive to six hundred million
        of believers (all enchanted by the betrayal
        and redeemed by the torture).
My God.
The faith tinkles and it sounds
as my money.
        Honey,
        nor Hulk has operated such miracle.
        Nor Asterix. Or Matrix.

Os evangelistas são cinco:
Mateus, Marcos, Lucas, João e Mel.
O *Evangelho segundo Mel*
já arrecadou só na primeira semana
trinta milhões de fiéis.
Sessenta milhões no primeiro mês.
Logo chegará a seiscentos milhões

             de crentes (todos encantados pela traição
             e redimidos pela tortura).
Meu Deus.
A fé tilinta e soa
como o meu dinheiro.
             Doçura,
             nem Hulk operou tal milagre.
             Nem Asterix. Ou Matrix.

## *BLUE NOTE*

Sempre
teve a vocação do suicida.
Vive
         como quem revida.

Esta obra foi composta em Oswald e Georgia
e impressa em papel Pólen 90 g/m²
para C Design Digital em junho de 2021